《广州改革开放四十年》丛书

丛书主编　徐咏虹

守正创新

走向文化自信的广州

李仁武　主编

广州新华出版发行集团
广州出版社

图书在版编目（CIP）数据

守正创新：走向文化自信的广州／李仁武主编. —广州：广州出版社，2018.12

（《广州改革开放四十年》丛书／徐咏虹主编）

ISBN 978-7-5462-2858-7

Ⅰ. ①守… Ⅱ. ①李… Ⅲ. ①地方文化—文化发展—成就—广州 Ⅳ. ①G127.651

中国版本图书馆CIP数据核字（2018）第288401号

书　　名　守正创新——走向文化自信的广州
Shouzheng Chuangxin Zouxiang Wenhua Zixin de Guangzhou
出版发行　广州出版社
（地址：广州市天河区天润路87号9楼、10楼　邮政编码：510635
网址：www.gzcbs.com.cn）
责任编辑　叶桂莲
责任校对　李少芳
封面设计　舒　巧
印刷单位　佛山市华禹彩印有限公司
（地址：佛山市南海区罗村联和工业区西二区三路1-1号　邮政编码：528226）
规　　格　787毫米×1092毫米　16开
字　　数　200千
印　　张　15.5
版　　次　2018年12月第1版
印　　次　2018年12月第1次
书　　号　ISBN 978-7-5462-2858-7
定　　价　48.00元

《广州改革开放四十年》丛书

编委会

《守正创新——走向文化自信的广州》
编委会

总　序

四十而不惑。置身历史的长河，改革开放自1978年开始，走过了40年的风风雨雨，值得庆祝，值得铭记。

40年改革开放绘就壮美长卷。中国人民自力更生、发愤图强、砥砺前行，依靠自己的辛勤和汗水书写了国家和民族发展的壮丽史诗。对中国而言，这40年不仅是一个时间概念，更是一段非凡历程，正是这40年的发展让中国富了起来，并不断强起来。40年来，我们党团结带领全国各族人民，从“摸着石头过河”到建立社会主义市场经济体制，从由下而上的基层试点改革到自上而下全面深化改革，从打开国门实施开放政策到张开怀抱自信拥抱世界，从积极吸引外资“引进来”到主动到境外投资“走出去”，从加入世界贸易组织到共建“一带一路”，从聚精会神搞国内建设到为世界发展贡献中国方案，成功走出了一条中国特色社会主义发展道路。改革开放使中国走向了世界，正日益走近世界舞台的中央。改革开放的中国实践是21世纪马克思主义在中国焕发出勃勃生机和无限生命力的生动写照。

改革开放不仅深刻改变了中国，也深刻影响了世界。40年的改革开放，不仅发展了中国，也造福了世界和全人类。特别是党的十八大以来，以习近平同志为核心的党中央统筹推进“五位一体”总体布局，协调推进“四个全面”战略布局，着力提高国家治理体系现代化能力和水平，形成了习近平新时代中国特色社会主义思想，指引着中国坚定前行。面对世界格局的深刻变化，中国坚定笃行经济全球化大道，以大国情怀与担当提出构建人类命运共同体的理念，发出“一带一路”倡议，主动为各国搭乘中国发展“快车”提供便利和条件，改革的决心从未动摇。开放已经成为当代中国的鲜明标识。中国开放的大门不会关闭，只会越开越大！

春江水暖鸭先知。在中国改革开放发展的历史进程中，广州是一座具有特殊重要地位的城市。作为一座因海而生、向海而兴的千年商都和有着2200多年建城史的国家中心城市和国际大都市，广州的历史文化脉络、商业发展盛景、改革开放成就在全球城市发展史上独树一帜，占有一席之地。40年来，面临改革大潮，广州人坚持做改革的弄潮儿，有着强烈的历史担当精神。广州坚定传承改革开放的历史基因，大力发扬敢为人先、敢闯敢试的精神，以“杀出一条血路”的胆识与魄力，在诸多领域开创了可资全国借鉴的先行经验，从改革开放初期率先进行价格闯关，推进流通体制改革，鼓励非公企业生产发展，到20世纪80年代依托广州开发区建设推动外向型经济发展，再到近年来建设南沙自贸区以点带面构建全面开放新格局，广州的创新探索实践始终走在全国前列，始终引领着改革开放的发展步伐。

一滴水能反映出太阳的光辉，一个城市可以体现一个国家的风貌。进入新时代，全球经济不确定因素增加，国内经济呈现新的发展态势，发展机遇和挑战并存。广州坚持把学懂弄通做实习近平新时代中国特色社会主义思想作为第一要务，源源不断地从新思想中汲取真理力量和实践智慧，坚定践行新发展理念，积极适应引领经济发展新常态，在不断深化的改革开放实践中破解发展难题，推动经济由高速增长向高质量发展转换，通过扎实推进创新驱动发展战略，培育新的动力源和增长极，保持经济发展“换挡不失速”。40年间，广州经济总量从1978年的43亿元跃升到2017年的21503亿元，人均地区生产总值从1978年不足1000元提升到2017年突破15万元（按平均汇率折算为22317美元），接近发达国家水平。与此同时，广州坚持以先进制造业为产业主攻方向，高标准高起点高质量谋划产业结构优化升级，构建起以IAB（新一代信息技术、人工智能、生物科技）、NEM（新能源、新材料）为主导的现代产业体系，将改善政治生态环境、提升城市环境与优化营商环境有机结合、同步推进，推动全球最高端资源要素向广州集聚，持续优化的经济结构和开放的发展环境为广州未来积极健康稳定发展奠定了良好的基础，为新时代广州改革开放发展积蓄了强大势能，创造了巨大空间。广州这座老城市，越来越充满新活力。

惟改革者进，惟创新者强，惟改革创新者胜。站在新时代新起点上，我们始终谨记：改革开放是决定当代中国命运的关键一招，也是决定实现“两个一百年”奋斗目标、实现中华民族伟大复兴的关键一招。正是在这个意义上，隆重庆祝改革开放40周年，更具有重大的历史意义和现实意义。当今的世界，你中有我，我中有你，经济全球化大潮浩浩荡荡、不可阻挡。改革开放40年的经验启示我们，中国发展离不开世界，世界发展也需要中国。只要我们保持战略定力，全面深化改革开放，深化供给侧结构性改革，下大气力解决存在的突出矛盾和问题，中国经济就一定能加快转入高质量发展轨道，中国人民就一定能战胜前进道路上的一切困难挑战，中国就一定能迎来更加光明的发展前景。中国改革开放永不停步！下一个40年的中国，定当有让世界刮目相看的新成就！

党的十八大以来，习近平总书记两次亲临广东考察并发表重要讲话，多次对广东、广州工作作出重要指示批示，对广州发展寄予厚望。面对新征程，广州要保持走在全国前列，最根本的是要继续弘扬改革开放精神，推动思想再解放、改革再深入、工作再落实。为认真学习贯彻习近平总书记重要讲话精神，总结改革开放40年来的经验，乘势而上，在新起点上推动改革开放实现新突破，中共广州市委宣传部策划出版本套丛书，以回溯历史的形式重读历史，不仅是对广州改革开放40年历程经验的一个简单回顾总结，更是为了以问题为导向，深刻认识新形势下改革开放的时代性、体系性、全局性，高举新时代改革开放旗帜，不忘改革开放初心，坚定改革再出发、将改革开放进行到底的决心，凝心聚力，接续奋斗，激励广州在更高起点、更高层次、更高水平上推进改革开放，用新业绩抒写新时代改革开放恢宏的画卷。

祝愿每一位读者都能从品读广州改革开放40年的历史中获取源源不断的奋斗激情和前进动力。

是为序。

丛书编委会

2018年11月10日

前　言

文化建设与发展既是社会文明进步本身所包含的重要内容，也是衡量社会文明进步水平高低的重要尺度，还是推动社会文明进步必不可少的精神力量。党的十九大报告明确指出：“文化是一个国家、一个民族的灵魂。文化兴国运兴，文化强民族强。”强调：“要坚持中国特色社会主义文化发展道路，激发全民族文化创新创造活力，建设社会主义文化强国。”这充分表明，我们党对加强文化建设已经形成了高度统一的思想共识并肩负着“在实践创造中进行文化创造，在历史进步中实现文化进步”的使命与担当。这也意味着，进入新时代，我们要进一步增强中国特色社会主义的文化自信，强化文化自觉和文化自强的理性共识，切实把文化建设落实到“从全面建成小康社会到基本实现现代化，再到全面建成社会主义现代化强国”的战略安排当中，在社会主义现代化新征程上大力发展面向现代化、面向世界、面向未来的，民族的科学的大众的社会主义文化，推动社会主义精神文明和物质文明协调发展，不断铸就中华文化新辉煌。

然而，推动文化建设和发展是一个不断深化的社会实践过程，不可能一蹴而就，更不可能一劳永逸。因为文化在本质上属于社会意识的范畴，既是社会生活的内容，也是对社会存在的反映。文化作为社会意识形态的存在方式和表现方式，不仅具有主体的多元性、形式的多样性、内容的丰富性、传承的历史性、发展的时代性、交往的互渗性，而且具有作为社会意识而相对独立于社会生活的意象性、自适性、衍生性、传导性、流变性。在文化建设过程中，历来都要面对真善美与假恶丑、主旋律与多元化、时代潮与保守性等诸多方面的矛盾和斗争，其复杂性和艰巨性不言而喻。因此，推进文化建设必须从实际出发，正视文化发展的现实，不断摸索文化发展的规律和路径，迎难而上、久久为功、玉汝于成。这就要求对待文化建设绝不能仅凭热情和愿望就想当然、拍脑袋、简单化、乱作为，而要脚踏实地、兢兢业业、善作善成，自觉把推动文化进步的使命与担当转化为切实解决自身文化发展问题、困难与挑战的具体行动，使文化发展能在思想状态和精神面貌上与社会文明进步应当达到的水平相适应。

改革开放以来，伴随着经济建设的快速发展，综合国力和人民生活水平的显著提升，我国文化建设也取得前所未有的辉煌成就，从文化设施建设到文化遗产保护和文化产品生产再到完善公共文化服务体系，整个文化事业和文化产业都呈现出蓬勃发展的崭新面貌，群众性文化活动丰富多彩，人民群众享受文化生活的获得感和满足感显著提升。而每当我们欣喜地分享某一历史阶段文化发展取得的成就并热切拥抱文化发展的未来之时，都不可避免地要回首曾经走过的路，通过总结文化建设的成功经验分析存在的问题与不足，以便在新征程上迈出更加坚实的步伐，取得更加显著的成效，让文化展示出不断走向繁荣兴盛的活力与精彩。因为历史的辩证法告诉我们，社会发展不停步，文明进步无止境，文化建设只有进行时没有完成时。因而，我们要从社会历史进步的过程来审视不同时期、不同时代文化建设的责任、使命与担当。

习近平总书记指出："人类社会每一次跃进，人类文明每一次升华，无不伴随着文化的历史性进步。"如果说每到重大历史关头，文化都能感国运之变化、立时代之潮头、发时代之先声，为亿万人民、为伟大祖国鼓与呼；那么，今天我们比历史上任何时期都更接近中华民族伟大复兴的目标，比历史上任何时期都更有信心、有能力实现这个目标，这就更加需要有为实现这一伟大目标提供思想引领和精神力量的文化支撑。这就意味着，进入实现现代化和中华民族伟大复兴的新时代，文化建设必须有更大的作为，要在改革开放40年来取得历史性进步的基础上，进一步坚定文化自信，推动社会主义文化繁荣兴盛。在这样的背景下，如何总结文化建设的成功经验与如何开创文化发展的崭新未来，都成为走进新时代必须作出理性审视和实践应答的重要课题。

基于这样的逻辑，本书立足于改革开放40年来广州文化建设的历史回顾和经验总结，以期在新起点上为进一步推动文化建设和发展找到基于实践理性的思想共识、基本遵循和路径选择。因为广州得改革开放风气之先，与经济发展相伴而行的文化建设也率先迈出发展步伐，成为当今中国文化建设和发展的重要缩影。尤其，先行一步的改革开放要遭遇姓"社"姓"资"与姓"公"姓"私"的种种诘问，以及打开"窗口"之后各种文化思潮随风而入所带来的文化交锋，但广州的文化建设能够迎难而上，不为任何风险所惧、不为任何干扰所惑，没有迷失方向，更没有成为“西化”的俘虏，体现出勇于闯出一条新路的“排头兵”风采，其中的经验难能可贵，确实值得总结。所以，在纪念和庆祝改革开放40年之际，我们谨以此书奉献给读者、奉献给广州文化发展已经开启的新时代。

本书讨论的主题可以概括为“守正”与“创新”两个关键词，这是我们课题组对改革开放40年来广州文化建设和发展进行历史回顾和经验总结之后得出的重要判断。这其中的“守正”，是指在改革开放过程中，广州的文化建设始终保持着自己的文化根基和文化特色，毫不动摇地坚持了社会主义文化的前进方向，坚持了以人民为中心的文化发展理念，坚持了以传承与弘扬岭南文化作为自己的根脉，展示出既敢试敢闯又恪守底线的文化担当与吸收外来、面向未来又不忘本来的文化守护。而其中的“创新”，是指在改革开放过程中，广州的文化建设并没有保守、封闭和僵化，而是通过解放思想，不断深化文化体制改革，不断解放和发展文化生产力，着力构建有利于文化繁荣发展的体制机制，推动文化事业和文化产业协同发展，大幅度提高了人民基本文化权益保障水平，大幅度提高了文化在经济社会发展中的地位和作用，因而形成了广州文化发展的巨大活力，让整个城市的精神面貌和文化水平都发生了跨越性的历史巨变。可以说，改革开放40年来广州的文化建设就是在“守正”与“创新”中，不断探索着一条以社会主义核心价值观为统领的文化发展道路，凝聚着中国特色社会主义文化发展的精气神，实现文化发展既继承优秀传统又充满创新活力，蒸蒸日上。

本书就改革开放40年来广州在文化建设和发展涉及的主要内容和取得的重要经验，分六章进行探讨。第一章“历史回顾与发展成就”，对改革开放40年来广州文化建设的基本历程、主要成就、基本经验和未来展望作总体分析，是全书的总论；第二章“文化建设与城市发展”，主要总结改革开放40年来广州将文化建设与城市发展融为一体的实践探索，分析文化建设应当如何植根于城市发展的过程当中；第三章“文化理念与人文精神”，主要分析文化建设的重要任务在于文化价值理念与人文精神的培育，对于广州而言，它表现为改革开放40年来城市人文品格、精神状态和文化张力如何具体构建与整体凝聚；第四章“文化活力与产业发展”，主要探讨改革开放40年来广州在不断深化文化体制改革方面的实践过程和成功经验，并从推动文化产业发展的具体实践来分析如何催生和增强文化发展的活力；第五章“文化服务与文化惠民”，主要从坚持以人民为中心、让人民得实惠的文化发展理念，分析总结改革开放40年来广州文化建设在健全和完善公共文化服务体系、落实文化惠民政策方面取得的重要成效和基本经验；第六章“文化传承与跨越发展”，主要从文化遗产保护、培育城市文化形象等方面，分析改革开放40年来广州文化建设如何在保护根脉、弘扬传统与与时俱进、开拓创新之间形成内在统一，展望广州文化发展的未来希望。

在学理上，文化概念有广义和狭义之分。在这里，我们主要是从广义的视角亦即大文化的概念来作改革开放40年来广州文化建设的历史回顾与经验总结，许多分析和思考也是从比较宏观的维度展开的，因而有不少具体的文化事件并没有完全被顾及，当然因篇幅有限也不可能一一列入，所以总有挂一漏万之感。再加上我们的研究能力有限，有些内容的分析和表述可能不够精准，不当之处敬请学界同人和广大读者悉心指正。本书的出版就当抛砖引玉，我们非常期待能有机会就这一课题作更深入的学术探讨。

目　录

第一章

历史回顾与发展成就

改革开放以来，广州的文化建设和发展不断迈向新台阶、不断展现新风采。尤其是党的十八大以来，广州在建设国家重要中心城市的创新实践中，进一步把文化建设融入经济社会发展的全过程，城市的文化形象、文化功能和文化魅力都得到了显著提升。改革开放的40年既是广州经济社会快速发展进步的40年，也是广州文化建设和发展不断走向繁荣兴盛的40年。以此为基础，在中国特色社会主义进入新时代的新征程中，作为历史文化名城的广州将向世界展示更有影响力的文化优势。

一、40年走过的基本历程

广州有2200多年的建城历史，是一座名副其实的历史文化名城。在历史的沧桑巨变中，广州依托云山珠水所构成的地理格局一直没变，从南越国延续至今的城市中心也没有变，不仅保留着“六脉皆通海，青山半入城”的山水田园景观，而且沉淀着历朝历代内涵丰富的文化资源。改革开放40年来，广州的文化建设和发展更让它从传统意义上的历史文化名城跃升为充满现代活力的文化之都。

（一）从解放思想到引领改革开放先行

自秦汉以来，广州一直是中国对外开放的重要窗口，并成为“海上丝绸之路”的发祥地，是具有港市贸易历史传承的千年商都。在长期对外交往的风雨洗礼过程中，广州人形成了敢为人先的开放意识和闯荡世界的勇气。正因为广州人具有这样的品格和勇气，所以才有在改革开放的伟大实践中敢于“第一个吃螃蟹”的担当。然而，能把这样的精神品格转化为投身伟大实践的强大力量，是与广州率先解放思想所形成的文化引领分不开的。换而言之，在改革开放过程中，广州率先实施了以解放思想为主题和内容的文化建设工程，为改革开放的创新实践提供了精神动力、智力支持和文化引导。

1. 率先响应真理标准问题大讨论

1976年，在我们党和国家的历史上是极不寻常的一年。我们党的领导人、老一辈无产阶级革命家毛泽东、周恩来等先后辞世，党和国家面临何去何从的重要抉择。同年10月，中央政治局果断执行党和人民的意志，毅然粉碎了“四人帮”的阴谋，结束了“文化大革命”，从危难中挽救了党，挽救了革命。粉碎“四人帮”得到全国各族人民的衷心拥护，举国上下载歌载舞、一片欢腾。然而，在粉碎“四人帮”之后的一段时间里，由于十年“文化大革命”造成的政治上思想上的混乱难以在短期内消除，也由于当时在指导思想上还存在“两个凡是”的禁锢和束缚，全党和全国人民迫切需要弄清楚真理在哪里、如何坚持真理以及如何坚持马克思主义、毛泽东思想等一系列思想认识上的大是大非问题。众所周知，思想是行动的先导，当时能否在思想上实现拨乱反正，影响甚至决定着中国何处去的前途和命运。

1978年5月11日，《光明日报》发表特约评论员文章《实践是检验真理的唯一标准》。这篇文章的发表，引发了一场关于真理标准问题的大讨论。这场讨论冲破了“两个凡是”的思想束缚，推动了如何识别真假马克思主义的思想解放运动，为我们党重新确立马克思主义思想路线、政治路线和组织路线作了重要的理论准备，为实现我们党的工作重心从以阶级斗争为纲转移到经济建设上来这一具有深远意义的伟大转折提供了思想先导。

1978年5月12日，《广州日报》转载了这篇题为《实践是检验真理的唯一标准》的文章，对推动广州开展关于真理标准问题的讨论，起到了及时的引导和促进作用，也意味着在解放思想与“两个凡是”的交锋中广州敏锐地走在了最前列。时任中共广东省委第一书记的习仲勋同志第一时间旗帜鲜明地支持这场讨论，并在广州领导和组织广东全省开展这一大讨论。他要求开展关于真理标准问题的大讨论不仅在领导机关搞，在基层也搞；不仅要求在思想理论上澄清模糊认识问题，而且要求在实际工作上鼓励大家去干、去实践。这场轰轰烈烈的大讨论，让广州的干部和群众都受到了一次马克思主义基本理论的再教育。它拨云见日、消解疑虑、捍卫真理，拉开了广州这座城市思想解放、拨乱反正的历史大幕，也让广州人萌生了要率先走向改革开放的伟大觉醒。这场以关于真理标准问题大讨论开端的思想解放运动，同样成为当代中国文化建设新发展的重要标志，是改革开放40年广州文化建设的新开局。

2. 率先迈出改革开放的实践步伐

1978年12月18日，党的十一届三中全会胜利召开。全会批评了“两个凡是”错误方针，高度评价了关于真理标准问题的讨论，确定了解放思想、开动脑筋、实事求是、团结一致向前看的指导方针，重新确立了马克思主义的思想路线、政治路线和组织路线，作出了把工作重点转移到社会主义现代化建设上来的战略决策。以党的十一届三中全会为标志，中国从此进入了改革开放和社会主义现代化建设的历史新时期，开始了建设和发展中国特色社会主义的伟大探索，实现了对国家富强、民族振兴、人民幸福具有深远历史意义的伟大历史转折。党的十 ·届三中全会作为一个重要的里程碑，载入当代中国繁荣发展的历史史册。

党的十一届三中全会作出的重大决策，给毗邻港澳、华侨众多的广东带来了可以先行一步的难得机遇。广州一直是全国对外开放的重要窗口，即使是在实行闭关锁国政策的明清时期，广州也仍作为唯一的通商口岸承担着对外交往的历史重任。凭借长期作为对外通商、人员往来和文化交流的重要窗口，广州这座独具岭南特色的历史文化名城积淀了海纳百川、有容乃大的开放精神和求真务实、择善而从、敢于开拓的人文情怀，无疑最能接受各种新思想、新理念。因而，在改革开放的创新实践中，广州有先行先试的担当，能够发挥“排头兵”的功能和作用。

1979年1月8—25日，中共广东省委在广州召开四届二次常委会扩大会议，传达和研究如何贯彻落实党的十一届三中全会精神。习仲勋明确指出：“我省毗邻港澳，对于搞四个现代化来说，这是很有利的条件。我们可以利用外资，引进先进技术设备，搞补偿贸易，搞加工装配，搞合作经营。中央领导同志对此已有明确指示，我们要坚决搞，大胆搞，放手搞，以此来加快我省工农业生产的发展。”[①]此时，一份关于香港厂商要求回广州开设工厂的来信，得到邓小平的重要批示：“这种事，我看广东可以放手干。”[②]以此为契机，作为广东省的省会城市，广州在“摸着石头过河”的探索中，率先迈出了改革开放的新步伐。

---

①《习仲勋主政广东》编委会：《习仲勋主政广东》，中共党史出版社2008年版，第233页。

②《习仲勋主政广东》编委会：《习仲勋主政广东》，中共党史出版社2008年版，第234页。

在率先改革开放的实践中，广州人以思想解放、求真务实的处事心态和行为风格，不断推出先行先试、大胆创新的新举措，展示出理念超前、头脑灵活、奋发有为的精神面貌。从率先放开物价、取消票证到开放市场、搞活流通；从率先发展“三来一补”的加工贸易到设立经济开发区，大规模引进外资、引进技术设备；从推行农村家庭联产承包责任制到率先实施厂长（经理）承包经营责任制；从允许科技人员走出科研院所成为为企业提供服务的“星期天工程师”到出现停薪留职的“下海潮”；等等。以思想解放和观念更新为先导、以大胆地闯和大胆地试为精神状态的改革开放春风，在广州这座中国南方都市吹起并迅速形成强大的旋流影响到大江南北、长城内外。这表明广州以解放思想为引领的城市文化建设，在改革开放的创新实践中率先凝聚起一种向往新时代、向往新生活，充满激情的澎湃力量。

3.“广式文化潮”的兴起与传播

随着改革开放的先行先试，广州的经济发展水平迅速提升，市民的可支配收入也不断增加，市民家庭的消费需求逐步从20世纪70年代的“老三件”（手表、自行车、缝纫机）过渡到80年代的“新三件”（电视机、电冰箱、洗衣机）。但是，在20世纪80年代市民购买了电视机之后却发现并没有多少可看的节目，电视机的娱乐功能不能充分发挥。由于有毗邻香港的地缘优势，有人发现，只需将一根带有放大器的鱼骨架形天线伸向天空就可以直接收看到香港的电视节目。“一时间，家家户户效仿，广州市中心高高矮矮的楼顶也发豆芽般地长出了密密麻麻的鱼骨天线，像向日葵一样，仰望东南。”[①]这表明：经济发展之后，老百姓

①李春雷：《木棉花开——任仲夷在广东》，广东人民出版社2008年版，第8页。

对文化娱乐有着非常强烈的愿望和需求。

当时正值改革开放初期，人们的思想认识并没有完全到位，尤其是"左"的思想还比较盛行，广东先行一步的探索实践一开始就遭到不少的质疑，用鱼骨天线收看香港电视节目无异于火上浇油，引发了更多的非议。当时迫于诸多方面的压力，政府部门曾一度制定严禁收看香港电视节目的紧急措施，并动用消防车逐家逐户对鱼骨天线进行强拆收缴。然而，老百姓对此并不买账，消防车刚出动，家家户户的鱼骨天线就快速撤下，夜幕降临之后又悄悄送上屋顶，出现"晚升早降"的特殊景观。这一事件实际上反映出我们当时的文化建设不能满足老百姓对精神文化生活的渴求，精神文化产品的生产与改革开放带来的经济快速发展和物质生活水平提升相比明显滞后了。为了有效解决老百姓看电视选择少的问题，时任中共广东省委第一书记任仲夷同志作出了明确指示："要千方百计办好自己的广播电视节目，丰富群众的文娱生活。"①

哪里有人民群众的文化需要，哪里就有推动文化创新发展的动力和机遇。为适应和满足人民群众不断增长的精神文化生活需要，广州在文化建设上开始了以市场化发展为取向、以满足大众文化消费需求为重点的实践探索，各种丰富多彩的群众性文化娱乐节目、产品、活动等应运而生，不断从广州的各个角落涌现出来：广州东方宾馆开设全国第一家把餐饮与娱乐融为一体的营利性"音乐茶座"，成为改革开放后文化走向市场化发展最先试水的标志性事件；广州电视台策划的"美在花城"广告新星大赛，集艺术性、时尚性和娱乐性为一体，深受全国观众的喜爱和追捧，在文化娱乐界产生了较大的轰动效应，成为率先开设大型综

---

①李春雷：《木棉花开——任仲夷在广东》，广东人民出版社2008年版，第11页。

艺节目的广州品牌；报刊亭遍布街头，买报读报成为广州人日常生活中的重要内容，《广州日报》日均发行量达到185万份（北京奥运会期间达到了日均200万份），成为华南地区发行量、零售量、订阅量和传阅率均为第一的报纸；以广州改革开放为题材创作的电影《雅马哈鱼档》和电视连续剧《情满珠江》《公关小姐》《商界》《外来妹》等，成为全国占据银屏首位的热播影视剧；以粤语传唱的流行歌曲，成为许多卡带式录音机翻录的首选，旋律优美的粤语歌曲在城市和乡间随处可听；各式各样的咖啡馆、保龄球馆、歌舞厅等也如雨后春笋般遍布于广州的街头……

可以说，得改革开放风气之先的广州人，在物质生活水平提升之后率先营造了可以获得自我享受、精神愉悦的文化氛围，展现出清新活泼、激情焕发、充满活力的崭新风貌，形成了影响和带动全国的“广式文化潮”。正所谓：“喇叭裤、牛仔装、运动鞋、电子表、计算器、烫头发、迪斯科、邓丽君……‘广式潮流’引发的蝴蝶效应，像春风一样吹绿了全国城乡的角角落落，为正在从动乱和贫穷中走出的12亿国民送上了第一束五彩缤纷的时尚之花。”[①]正因为如此，得改革开放风气之先的广州曾一度成为引领文化发展的“时尚之都”，是充满活力、展示新潮的“流行前线”。

（二）从重经济建设到两个文明一起抓

贫穷不是社会主义，发展太慢也不是社会主义。这就决定了改革开放的首要任务必须是解放和发展生产力。所以，在改革开放的过程中以

①李春雷：《木棉花开——任仲夷在广东》，广东人民出版社2008年版，第26页。

经济建设为中心是很容易被理解和接受的。广州担负着走在前列的历史重任，推动经济发展、改善人民生活是放在第一位的，但是在改革开放过程中，“窗口打开了苍蝇蚊子也会飞进来”，如何才能做到“排污不排外”呢？广州逐步认识到必须在抓物质文明建设的同时抓好社会主义精神文明建设，要坚持“两手抓，两手都要硬”，通过加强自身的文化建设来构筑“防火墙”，为推动经济社会发展提供价值共识和道德判断的理性支撑。

1. 坚持社会主义的道路和方向

改革开放是一场前无古人的伟大实践，许多探索都是通过“摸着石头过河”的尝试来推动的，因而在不断前行的路上既受到广泛的关注也遭到这样或那样的拷问。尤其是苏东剧变之后，国际共产主义运动进入低谷，改革开放的是非得失问题迅速成为舆论关注的热点。那种认为“多一份外资，就多一份资本主义”的观点一时间甚嚣尘上，改革开放是走了资本主义道路吗？它还能不能继续前行？当中许多人确实对此感到很迷茫，走在改革开放前列的广东更是遭遇了前所未有的舆论围攻、声讨，似乎这个改革开放的前沿地已经完全“资本主义化”或“西方化”了。尽管深受岭南文化熏陶的广州人，历来都特别讲求实在、追求实效，不想也不愿意参与各种脱离实际、似是而非的空谈和论争，但当时云谲波诡的复杂局势确实让人对改革开放的前途和命运感到非常担忧。

在充满严峻挑战和考验的背景下，广州文化建设的首要任务是要以马克思主义为指导，坚持解放思想和实事求是的统一，解决好坚持社会主义道路和方向的信念和信心问题。1992年，邓小平南方谈话给广州人吃了定心丸，让敢于坚持改革开放的广州人倍感欢欣鼓舞。在南方谈话中，邓小平指出：“一九八四年我来过广东。当时，农村改革搞了几年，城市改革刚刚开始，经济特区才起步。八年过去了，这次来看，深圳、珠海特区和其他一些地方，发展得这么快，我没有想到。看了以后，信心增加了。”[①]他特别强调：“不坚持社会主义，不改革开放，不发展经济，不改善人民生活，只能是死路一条。基本路线要管一百年，动摇不得。只有坚持这条路线，人民才会相信你，拥护你。”[②]邓小平南方谈话为探索有中国特色的社会主义建设和发展道路指明了方向。

春江水暖鸭先知。伴随学习领会邓小平南方谈话精神的活动在广州广泛而深入地开展，广州人围绕“什么是社会主义、怎样建设社会主义”这一基本问题展开讨论，对社会主义本质有了深刻认识，对坚定不移走中国特色社会主义道路更是充满信心。在“知行合一”的体验和追求当中，广州人的特点是更强调“行”的重要和“行”的务实。所以，在对邓小平南方谈话的学习过程中，广州人结合走在改革开放前列的创新实践，力求在计划与市场、姓“公”与姓“私”、姓“资”与姓“社”等问题上消除模糊认识，并在形成思想共识的基础上，强化对“发展才是硬道理”的坚持，自觉按照“三个有利于”的标准，“大胆吸收和借鉴人类社会创造的一切文明成果，吸收和借鉴当今世界各国包括资本主义发达国家的一切反映现代社会化生产规律的先进经营方式、管理方法”[③]。正是这种“敏于行”的文化品格，让广州这座城市在改革开放过程中不断彰显着开拓创新的活力，始终洋溢着勇于探路前行、舍我其谁的精神风貌。

2. 加强社会主义精神文明建设

邓小平在南方谈话中明确强调：“抓住时机，发展自己，关键是发展经济。现在，周边一些国家和地区经济发展比我们快，如果我们不发

①《邓小平文选》第三卷，人民出版社1993年版，第370页。
②《邓小平文选》第三卷，人民出版社1993年版，第370～371页。
③《邓小平文选》第三卷，人民出版社1993年版，第373页。

展或发展得太慢，老百姓一比较就有问题了。”[①]对此，他明确要求广东力争用20年的时间赶上“亚洲四小龙”。然而，他也清醒地认识到改革开放会有一些腐朽、负面的东西影响我们，就像窗户打开了，新鲜空气进来，苍蝇蚊子也会飞进来一样，比如一些地方出现吸毒、嫖娼、经济犯罪等丑恶现象。所以，他告诫我们：只抓经济建设还不行，还必须抓社会治理，抓精神文明建设。这就是著名的“两手抓，两手都要硬”思想。对广东20年赶上“亚洲四小龙”，他给出了非常重要而清晰的指引：“不仅经济要上去，社会秩序、社会风气也要搞好，两个文明建设都要超过他们，这才是有中国特色的社会主义。”[②]在今天看来，邓小平当年提出这一思想确实具有深谋远虑的政治智慧。

1993年，《邓小平文选》第三卷出版发行。广州掀起学习邓小平理论的热潮，专家学者带头就市场经济与精神文明建设的关系，市场经济与道德进步的关系，以及发展社会主义市场经济如何加强思想道德建设、精神文明建设等新课题进行认真研讨和分析，为广州推动社会主义精神文明建设提供对策建议。1994年，广州广泛开展学习宣传国家颁布的《爱国主义教育实施纲要》，通过运用大众传媒、书刊影视、艺术表演和课堂教学等方式，结合重要的纪念日、重大的历史事件和重大的社会活动，举行升国旗仪式和开展唱国歌活动，大力宣传、培育和弘扬爱国主义精神。1995—1996年，先后有《新三字经》《新增广贤文》《社会公德四字歌》《家庭美德五字谣》等多种道德教育的通俗读物在广州出版发行，以社会主义道德教育为内容的社会主义精神文明建设深入开展。

1996年10月，党的十四届六中全会通过《中共中央关于加强社会主

①《邓小平文选》第三卷，人民出版社1993年版，第375页。

②《邓小平文选》第三卷，人民出版社1993年版，第378页。

义精神文明建设若干重要问题的决议》，进一步指明了社会主义精神文明建设的目标和方向，明确在建立社会主义市场经济体制的同时把社会主义精神文明建设提高到新的水平。这是加强广州精神文明建设的重要依据。为了更好地贯彻落实党的十四届六中全会精神，中共广州市委宣传部组织广州地区的理论工作者和实际工作者，就如何加强社会主义精神文明建设问题进行了系统的理论研究，编写出版了《精神文明建设哲学论丛》。该丛书分别从精神文明建设基础论、过程论、系统论、主体论、价值论、机制论和方法论等七个不同视角对加强社会主义精神文明建设进行理论探讨和对策研究。这是广州推动社会主义精神文明建设的重要举措，也是推动城市文化建设的重要内容。

3. 社会主义文化建设繁荣发展

从20世纪90年代开始，广州依托经济的快速发展和可支配财力的快速增长，注重加大对文化基础设施建设的投入力度。1996—2000年，先后建成了星海音乐厅、广州艺术博物院、红线女艺术中心、广州芭蕾舞团、广州艺术学校、广州报业集团印务中心、广州电视台新址、广州电视台新闻中心、番禺博物馆等标志性文化工程，推动文化设施建设“从娱乐型向享受型发展，从基本的普及型向塑造城市形象的方向转变”[①]，为广州文化新发展奠定了坚实的基础。

20世纪90年代中期之后，随着经济社会发展和科技进步，电脑、VCD（激光压缩视盘）和家庭影院迅速进入广州老百姓的家庭之中，使人们的精神文化生活又一次发生空前变化，大众文化娱乐消费得到广泛普及并显著扩张。广州出现了全国有名的海印电器城和广州电脑城，出现了

①杨苗青、刘小钢：《文化都市：大城市以文化论输赢》，广州出版社2002年版，第29页。

广州音像出版社和全国最大的太平洋影音公司。广东音像城，作为全国最大的音像制品批发市场，见证了一大批音像民营企业的崛起，承载着许多音像制作与发行人期待把产业做大做强的梦想。

20世纪90年代，广州的文学界、艺术界、社会科学界等各种文化事业都出现了空前活跃的发展态势，为推动广州文化建设作出了巨大贡献。与此同时，广州的哲学社会科学研究也出现了繁荣兴盛的局面，对广州改革开放和经济社会发展起到了重要的决策咨询作用。1998年，中共广州市委、广州市政府隆重举行表彰大会，对在哲学社会科学领域作出贡献的专家学者首次进行表彰。此后这样的表彰活动持续进行了多次，这在全国都是少有的，对促进哲学社会科学研究起到了重要的推动作用。

（三）从要素升级到全面布局系统推进

长期以来，文化建设都是按照文化要素来计划和安排的，包括场馆建设、院团建设、经费投入、队伍建设、项目落实等，因而文化建设总是被看作是文化部门自己的事情，文化发展也仅仅着眼于文化场馆建设和完善等具体项目来抓落实。在文化建设的创新实践中，广州逐步认识到文化建设不能囿于狭义的文化理解来开展，而要从城市发展所需要的文化功能提升来作系统考量和整体布局。进入21世纪，尤其是举办第十六届亚运会和首届亚残运会以来，广州的文化建设开始进入以提升城市文化形象为核心的全面布局和系统推进新阶段，文化建设和发展在城市发展规划的整体布局中得到前所未有的加强，城市文化建设和发展有了系统化的整体提升。

1. 深化对城市文化建设的思想认识

在改革开放过程中，随着广州经济实力不断增强和融入国际化发展的步伐不断加快，如何营造城市的文化氛围、提升城市的文化形象、增强文化的影响力和认同感，越来越成为广州文化建设和发展迫切要解决的突出问题。进入21世纪，文化建设如何适应城市发展的时代要求、使思想文化成为推动城市发展的引领力的问题，得到了中共广州市委、广州市政府的高度重视。一方面，广州把重视和加强文化建设作为贯彻落实“三个代表”重要思想和科学发展观的重要举措；另一方面，也把重视和加强文化建设作为提升城市综合竞争力和扩大广州文化影响力的重要抓手。因此，进入新世纪，广州的文化建设和发展迈出了新步伐，开始了整体性的全面规划和布局。

2002年，党的十六大把“三个代表”重要思想确定为我们党必须长期坚持的指导思想；2007年，党的十七大把科学发展观确定为我们党必须长期坚持的指导思想，这是我们党在指导思想上的与时俱进。“三个代表”重要思想的内容和要求之一是要“代表中国先进文化的前进方向”；科学发展观的第一要义是发展，核心是以人为本，基本要求是全面协调可持续，根本方法是统筹兼顾，把文化建设纳入其中是题中应有之义。“三个代表”重要思想和科学发展观都是文化建设必须坚持的指导思想，也是在工作中必须落实的责任与担当，因而要克服文化建设“说起来重要，做起来次要，忙起来不要”的惯性思维，真正把文化建设纳入经济社会发展的全局来考量、重视和推进。

就广州城市建设和发展的现实而言，进入新世纪之后城市文化建设所面临的挑战也确实比较突出。因为广州得改革开放之先，因而经济快速发展所取得的显著成效是有目共睹或有口皆碑的，但是文化建设的水平并没有随着经济发展而提升。其中最突出或最严峻的问题是广州被诟病为一个“说不清楚”的城市，而“说不清楚”的主要原因就在于所谓“广州没文化”，或者说是广州“重经济轻文化”。广州不是产生过全国有影响的“广式文化潮”吗？广州不是代表时尚文化的“流行前线”吗？为什么还是个“说不清楚”或“没文化”的城市呢？不管人们对广州“没文化”的种种诟病是否真正具有合理性，但是引发这些议论或者被人这样诟病就需要引起高度重视并进行深刻的反思。这一反思对广州加强文化建设起到了重要的推动作用，凝聚了推动广州文化建设迈向全面布局和整体推进的广泛共识。

2. 城市发展总体布局上的协同推进

2001年12月11日，中国正式加入世界贸易组织（WTO）。加入世界贸易组织使中国的国内市场变成全方位开放的国际市场，这既是经济社会发展的重要机遇，也让我国面临如何适应国际化发展的严峻挑战。广州处于改革开放的前沿，城市建设和发展面临的国际挑战更突出。为了抓住机遇、应对挑战，广州把城市发展定位为国际主要大都会并从融入世界城市体系的战略考虑来制定城市发展规划，文化建设也开始按照国际化发展的要求来布局。

2001年，在《广州市国民经济和社会发展第十个五年计划纲要》中，明确提出“十五”期间是广州率先基本实现现代化最为关键的时期，因而要“大力加强文化建设，增强文化中心功能，发展中外优秀文化兼容并蓄、传统特色与现代风格和谐融合的文化体系，把广州建设成为华南地区的文化艺术中心和国际文化交流中心”[①]。2006年，在《广州市国民经济和社会发展第十一个五年规划纲要（2006—2010年）》（简称《规划》）中，进一步提出要把广州打造成为“带动全省、辐射华

①《广州市国民经济和社会发展第十个五年计划纲要》，http://www.gz.gov.cn/gzgov/s2882/200310/188349.shtml。

南、影响东南亚的现代化大都市”[①]。《规划》明确把文化建设纳入其中并提出要强化建设经济中心、国际都会、创业之都、文化名城、生态城市、和谐社会等六大功能目标，使“城市规划建设的‘形态’与文化蕴含的‘神态’有机融合，社会整体文明程度和市民文化素质不断提高，高品位的都市文化和城市形象基本形成；文化体育设施日益完善，文化体育名人荟萃羊城；体现先进文化和都市风采的现代文化精品不断涌现，岭南历史文化精华得到传承与弘扬，城市文化生产力、竞争力和辐射力进一步增强，成为古今相承、中西融汇的文化名城”[②]。

2011年1月，中共广州市委制定《广州建设文化强市培育世界文化名城规划纲要（2011—2020年）》，明确提出要以文化品位塑造城市形象，以文化氛围凝聚人心，以文化繁荣提升群众生活品质；在建设文化事业繁荣、文化产业兴旺、文化体制完善、文化设施先进、文化环境优良、城市文明程度高、区域文化中心地位稳固、在国内具有领先优势的文化强市基础上，培育建设具有深厚历史内涵、浓郁地域特色、强烈时代特征、鲜明文化品格、高度创新精神、国际化程度较高的世界文化名城。并提出把广州培育建设成为广东具有高度文化认同的“首善之区”，文化产业跨越发展的“创意之都”，传统与现代相融汇、在国际上具有重要影响的“文化之城”，尊重创造、鼓励创新、人才辈出、人尽其才的优秀文化人才“汇聚之地”等四个具体目标。

3. 全面实施城市文化形象提升工程

为提升城市的文化形象、丰富城市文化内涵、扩大城市文化影响

---

①《广州市国民经济和社会发展第十一个五年规划纲要（2006—2010年）》，《广州日报》2006年4月3日。

②《广州市国民经济和社会发展第十一个五年规划纲要（2006—2010年）》，《广州日报》2006年4月3日。

力，广州全面实施城市文化建设和提升工程，以建设标志性的文化基础设施为抓手，着力夯实城市文化发展的物质基础，以彰显广州作为华南文化中心的地位和功能。按国际一流水平，先后规划建设了广州塔、广州大剧院、广州图书馆新馆、广州博物馆新馆、新广电中心和广州文学艺术创作中心等项目。一批各具特色、美观实用、功能完善的现代化文化设施成为新的文化地标，形成了珠江新城、二沙岛、大学城、科学城等多个交通便利、布局合理、设施先进、配套齐全的文化组团区。

党的十八大以来，广州多管齐下全面打造具有自身文化特色的城市新貌，不断提升城市文化在视觉景观上的美化水平。以花城广场以及周边标志性建筑为重点，打造从燕岭公园、广州东站、中信广场、天河体育中心、珠江新城、新客运港到洛溪岛连成一体的城市新中轴线景观带，以展示广州现代化发展的城市文化魅力；以珠江作为城区东进西联发展的空间纽带，利用两岸的建筑景观与水体流芳交相辉映的玉带风光，营造从白鹅潭、旧城中心、天河新城市中心、琶洲岛、长洲岛、生物岛、大学城、海鸥岛、广州新城到南沙滨海公园相互关联的城市发展带，通过堤岸整饰、打造沿岸绿道及游览观光休闲广场，形成人文景观与自然景观相互融合的珠水生态文化长廊；以传统中轴线作为城市文化建设的核心功能区，加强对老城区特色古旧成片建筑群的保护利用和功能置换，对从五羊雕像、镇海楼、中山纪念堂到海珠广场的城市景观环境做进一步的整饰和美化，通过加大对文化遗产的保护性开发来突出城市的历史底蕴和文化内涵，通过艺术设计对公共空间的景观灯光、楼宇灯光、市政灯光、商业灯光进行系统规划和整体打造，形成独具特色、品位和韵味的城市夜景景观体系。

党的十八大以来，广州坚持开展以“讲文明、树新风”为主要内容的群众性精神文明创建活动，通过丰富多彩、喜闻乐见的文化宣传和舆论引导，着力培育城市文化建设需要的展现引领力的文明风尚。既从市民最关心的问题入手，也从关系城市文明形象的重点地区、行业、窗口、人群入手，从一件一件实事做起。以创建“全国文明城市”为抓手，广泛深入开展文明城市、文明社区、文明村镇、文明行业等群众性文明创建活动；以“争当知礼向善公民，塑造文明市民形象”为主题，以文明礼仪教育为重点，深入开展了以“八荣八耻”为内容的社会主义荣辱观教育，着力整治影剧院、比赛场馆、公园（公共绿地）、广场、机场、车站等公共场所出现的不文明陋习；以弘扬“奉献、友爱、互助、进步”的志愿服务精神为主题，深入开展城乡社会志愿服务活动，在全社会推动形成“人人为我、我为人人”的和谐友爱人际关系。2011年，广州获“全国文明城市”荣誉称号。

（四）从文化“补课”到文化驱动升级转化

由于对文化建设的重要性认识不到位和资金投入不足等，在经济社会发展过程中文化建设往往都具有滞后性，而且各部门主要是从场馆设施、机构设置、队伍建设、演艺院线、活动组织、文化下乡等方面针对问题和不足而进行“补课”，表现为哪里有问题就抓哪里、哪里有不足就补哪里。随着我们党对文化建设的不断重视，特别是党的十八大召开之后，为贯彻落实党的十八大精神，广州的文化建设又迈出了新的步伐，开始进入由“文化‘补课’”转向“文化驱动”的发展提升期。

1. 推进并落实文化强市战略

2012年11月8日，党的十八大胜利召开。党的十八大作出“扎实推进社会主义文化强国建设”的战略布局，明确提出“必须推动社会主义文化大发展大繁荣，兴起社会主义文化建设新高潮，提高国家文化软实力，发挥文化引领风尚、教育人民、服务社会、推动发展的作用”[①]。这是进一步加强社会主义文化建设的战略决策，也是坚定不移走中国特色社会主义文化发展道路的信心所在、希望所在。贯彻落实党的十八大精神，为广州积极推进文化强市战略的实施提供了方向指引和基本遵循。

2012年，中共广州市委十届三次全会通过《中共广州市委 广州市人民政府关于培育世界文化名城的实施意见》。这一文件提出广州培育世界文化名城的重点任务和思路举措，强调要以人为主体、以城市为舞台、以文化为引领、以生活为依归，全面推动文化繁荣发展。该文件明确提出实施文化引领“四大工程”（即实施市民素质提升工程、实施城市文化名片工程、实施文化遗产传承工程和实施文化产业促进工程），打造文化活动“三大平台”（即打造国际文化节庆交流平台、打造文化名家活动平台、打造城市文化传播交流平台），促进文化品质“三大提升”（即提升城市文化形象、提升城市规划建设的文化品位和提升公共文化服务水平）。在明确了实施“四大工程”、打造“三大平台”、实现“三大提升”的具体目标和任务的同时，还确定了每项工程的牵头单位、配合单位，制定了具体落实的保障措施。这是推动广州文化建设走向引领型驱动发展的重要举措。

与此同时，与提升广州文明程度相关，广州还制定了《广州市2012—2014年深化文明城市建设工作规划纲要》《广州市全国城市文明程度指数测评达标责任分解表》《广州市市民素质提升工程工作方案》等文件。这些文件的制定和颁布，让落实文化强市战略、推动广州文化建设更有章可循，更能促进广州文化建设取得成效。2017年11月14日，中央

①胡锦涛：《坚定不移沿着中国特色社会主义道路前进 为全面建成小康社会而奋斗——在中国共产党第十八次全国代表大会上的报告》，《人民日报》2012年11月18日。

文明办在中国文明网公布了第五届全国文明城市名单和复查确认继续保留荣誉称号的往届全国文明城市名单，在“复查确认继续保留荣誉称号的往届全国文明城市名单”中，广州榜上有名。自2011年以来，广州连续三届荣膺“全国文明城市”殊荣。

2. 健全和完善公共文化服务体系

2012年3月，启动《广州市公共图书馆条例》的立法工作，该条例于2015年5月1日正式实施。2015年12月28日，公布《广州市“图书馆之城”建设规划（2015—2020）》，提出通过政府主导和社会参与相结合，建设设施齐全、布局合理、资源共享、服务高效的公共图书馆服务体系，为公众提供均等化、标准化的图书馆服务。2016年颁布《广州市加快构建现代公共文化服务体系的实施意见》和《广州市公共体育设施及体育产业功能区布局专项规划》，提出以改革创新为动力，以基层为重点，促进基本公共文化服务的标准化、均等化、数字化、社会化，要求每万人拥有室内公共文化设施面积达1500平方米。2015年，广州博物馆、广州科学馆、广州纪录片研究展示中心等文化设施相继动工。

广州重大公共文化服务设施都坐落于城市中心，既是广州城市形象的重要组成元素，也是提供文化服务的物质载体。广州博物馆、广州美术馆和广州科学馆齐聚在广州塔以南；广州文化馆坐落于海珠湖北侧，与园林、湖景相结合，体现了广州地方文化的特色。这四大馆在广州新中轴线上形成“3+1”格局，与海心沙、广州大剧院、广州图书馆、广东博物馆、广州国际媒体港等文化设施建筑一起，围绕广州塔形成“众星捧月”的优美格局。

党的十八大以来，广州通过广泛开展文化惠民活动，让“百姓演、百姓看”形成氛围。坚持组织专业艺术文艺团体送戏下基层，演出包括粤剧、话剧、芭蕾、木偶戏、广东音乐、歌舞、杂技等，为市民提供高雅文化享受；坚持利用节庆娱乐庆祝活动推动文化惠民服务，诸如在广州艺术节等活动中派发免费票，让广大市民获得走进剧场、展馆欣赏高雅文化的机会；坚持组织“乞巧节”“波罗诞”“广府庙会”“盘古王诞”等群众广泛参与的传统民俗文化活动，以及“羊城之夏”群众文化广场系列活动。如今的广州，文化服务已经全面走进寻常百姓家，享受文化服务的便捷性同参与文化活动的便利性，让市民精神文化生活的获得感普遍增强，“千年商都”的文化内涵也越来越被百姓认同。

3. 以市场导向推动文化产业发展

2014年，广州高新区文化与科技融合示范区被中宣部、科技部、文化部、新闻出版广电总局认定为第二批“国家级文化和科技融合示范基地”，广州国际媒体港经国家工商总局批准成为国家级广告产业园核心区，越秀区被国家授予“版权贸易示范基地”称号。中国（广州）国际漫画节已成为国内娱乐、商贸、互动氛围最浓厚的大型动漫展会，更是国家“十二五”时期动漫产业发展规划重点扶持的三个动漫节展之一，在国内外已经享有较高的知名度。

2015年 6 月，国家制定了《国务院关于积极推进“互联网+”行动的指导意见》。广州在文化领域积极推动“互联网+”发展，着力提高公共文化服务的电子化水平，以及文化产业与文化服务的科技融合度。比如广州图书馆开通的微博、微信公众号，在读者群中影响很大、受关注度较高；广州电视台开办官方网站，借助商业网站开设官方微博、微信公众号等，着力点在扩展传播渠道、扩大自身影响力；广州电视台电视新闻部运营了新媒体整合平台“掌中广视”，整合了手机客户端、微博、微信三大官方平台，为用户提供多媒介融合的优质内容及互动方式。

2015年11月，广东省新闻出版广电局、广州市文化广电新闻出版局、广州市越秀区人民政府在越秀区东方文德广场国家版权贸易基地联合举行国家版权贸易基地（越秀）交易平台上线及中国版权保护中心华南版权登记大厅签约活动，开创了中国版权交易线上服务的先河。2016年，广州出台《广州市加快推进传统媒体和新兴媒体融合发展行动方案》，协调安排5000万元专项资金用于扶持传统媒体和新媒体的融合发展。这意味着广州要在发展文化战略性新兴产业上迈出自己的新步伐，要利用新技术、新途径、新模式、新业态打造文化产业发展的新优势，实现向引领型转变的新突破和新发展。

二、40年发展的主要体现

改革开放过程中，广州在经济上的迅速崛起为文化发展和繁荣奠定了坚实基础，同时文化建设的不断发展也促进了经济社会的持续快速健康发展。40年来，广州的文化建设从“先行一步”到“系统推进”、再到“全面提升”的持续发展，取得了历史性的重大进步和显著成效。不断深入的文化建设，不仅焕发着敢为人先、不断开拓进取的城市活力，而且凝聚着面向现代化、面向世界、面向未来而不断奋进的强大精神动力。可以说，广州的文化建设已经为建设国家重要中心城市进行了许多有益的探索，也为广州未来发展奠定了十分坚实的文化基础。

（一）形成独特而鲜明的城市文化品格

40年来广州发生的历史性巨变，让广州人对自己敢为人先的奋斗所取得的成就感到自豪，也为广州人坚定不移地走中国特色社会主义的发展道路树立了不可动摇的信心，培育并形成了以改革创新为核心的时代精神。这一时代精神是广州城市人文精神的集中体现，蕴含着广州人对改革开放的价值判断和理性共识。

改革开放40年来，广州最大的变化是经济实力的增强和人民生活水平的提高。1978年广州地区生产总值只有43.09亿元，2017年达到2.15万亿元；1978年广州地方一般预算财政收入只有13.65亿元，2017年来源于广州地区的一般公共预算收入5947亿元（其中地方一般公共预算收入1533亿元）；1980年广州城市居民人均可支配收入只有606.12元，2017年达到5.54万元。按照世界银行的收入水平划分标准，广州已达到中等偏上并接近高收入国家或地区的水平，是改革开放过程中名副其实的“先行者”和“排头兵”。改革开放带来的发展变化，让崇尚求真务实的广州人感到无上荣光。

改革开放40年来，广州经济社会发展所取得的辉煌成就，其实正是对广州人敢于先行先试、自觉当好“排头兵”的最好报答。可以说，当今广州这座城市最鲜明的人文品格是改革开放，最充满活力的人文精神也是改革开放。广州人用自己亲身经历的改革开放实践证明了走改革开放的中国特色社会主义道路是正确的。因为每个广州人都格外清楚：不改革、不开放就不会发展，就不能有今天的幸福生活。改革开放40年来，广州这座城市已经凝聚起对改革开放最广泛、最深刻的思想共识，因而对坚定中国特色社会主义的道路自信、理论自信、制度自信和文化自信最有底气，对全面协调推进全面建成小康社会、全面深化改革、全面依法治国、全面从严治党的战略布局也最有付诸实践的精神动力。

（二）现代文化基础设施建设全面推进

城市文化基础设施是传承城市文化、弘扬城市精神、展现城市文明的物质载体。衡量一座城市的文化建设和发展水平，首先要看它的文化基础设施建设达到了什么样的标准。受各种因素的影响，广州文化基础设施建设一直存在严重的滞后，不能满足人民群众对精神文化生活的需求。改革开放以来，中共广州市委、广州市政府一直高度重视文化基础设施建设，不断加大对文化基础设施建设的投入，努力克服文化基础设施不足、与城市文化建设和发展不相适应这一短板，使文化基础设施建设得到了前所未有的改善和提升。

“十一五”时期，通过广泛吸纳各方面资金，广州先后建成了广州塔、广州大剧院、广东省博物馆等一批标志性文化基础设施，推动文化基础设施建设跃上一个崭新的台阶。“十二五”期间，又出台《广州市人民政府关于加强广州市“十二五”时期文化基础设施建设的意见》，按照高起点、高标准和适度超前的要求，进一步集中力量推动文化基础设施建设，其中以文化、广播电视、新闻出版方面的基础设施建设为主，也包括了科技、档案方面的项目。广州图书馆新馆、广州少年儿童图书馆新馆、广州国际媒体港、南越王宫博物馆（一期）、辛亥革命纪念馆、农民工博物馆、粤剧艺术博物馆、广州国家档案馆新馆（二期）等一批重大文化基础设施项目如期完成并投入使用。“十二五”时期，是广州文化基础设施建设投入最多、发展最快的时期。

目前，广州逐步建成了覆盖城乡、布局合理、规模适度、功能完善、独具特色的文化基础设施体系。市、区、街道（镇）、社区（村）四级文化服务网络体系已基本建立，城市“10分钟文化圈”、农村“10里文化圈”的目标已基本实现，基于物质设施的公共文化服务能力得到显著增强。总体而言，如今广州城乡文化基础设施体系建设发生了根本性的升级优化，文化发展的基础条件已经逐步达到和走向现代化的新水平。

（三）历史文化名城的影响力显著增强

一座城市的文化影响力水平高低是衡量其软实力强弱的重要尺度。文化影响力是一座城市在其产生和发展过程中经长期沉淀而形成的，也是一座城市在人文精神、独特风格和审美个性等方面的文化表达所形成的社会认同感。文化影响力主要由物质文化因素和非物质文化因素两个方面的认同感所构成。提升一座城市的文化影响力，既需要通过物质文化因素来展示城市建设和发展的外在风格，也需要通过提升文化内涵、文化品格来扩大其文化影响和文化认同，以深化其作为“人类文明的象征和标志”[①]的内在底蕴。改革开放以来，作为历史文化名城的广州逐步确立“城市以文化论输赢”的发展理念，高度重视城市自身文化形象建设和文化软实力提升。

在物质文化建设方面，着力推进城市环境治理，以提升城市整体的文明形象。新世纪伊始，广州为迎接第十六届亚运会的召开实施了“一年一小变、三年一中变、2010年一大变”的城市治理工程，通过河涌整治、道路整修、环境美化、“穿衣戴帽”等一系列改造项目，让城市面貌发生了根本性变化。之后，又进一步实施“干净整洁平安有序”的城市治理行动，通过落实《中共广州市委　广州市人民政府关于进一步加强城市规划建设管理工作的实施意见》，推动广州的城市治理再向高标准、品质化方向迈进。

在城市文化软实力提升方面，广州高度重视自身文化特质的挖掘和内涵的提升，尤其是抓住建设国家重要中心城市的历史性战略新机遇，提出构建枢纽型网络城市的发展目标，依托岭南优秀传统文化的继承和创新，利用对外开放的政策环境，创新参与国际文化交流的体制机制，培育并形成了拥抱世界、迎接未来的城市文化氛围。通过成功举办第十六届亚运会，刷新了自己的文化形象，以“敢想会干为人民，和谐包

---

①［美］刘易斯·芒福德著，宋俊岭、李翔宁、周鸣浩译：《城市文化》，中国建筑工业出版社2009年版，第5页。

容共分享”为核心的广州亚运精神得到广泛认可，它向世界传递了这座城市的人民拥有真诚友善、热情好客的温暖情怀；通过举办中国音乐金钟奖、中国（广州）国际纪录片节、中国国际漫画节、中国（广州）国际演艺交易会、羊城国际粤剧节、广州艺术节、广州国际艺术博览会等大型文化品牌活动，让广州这座历史文化名城声名远播。广州既带着悠久的历史文化传统从远古走来，又充满着对未来美好生活的期待阔步走向世界。不仅传统与现代的文化在这里汇聚叠加，而且东方与西方的文化在这里交流融合，广州作为历史文化名城的魅力得到不断提升，“文化广州”也越来越得到广泛的认同。

（四）城市文化生活已趋向品质化提升

在城市中生活的人群是多元的，城市文化生活也是多样的，城市文化建设的最终目的就是通过提供各种文化产品、文化活动、文化服务来满足这种多元性和多样性的主体需求。所以，评价一个城市的文化建设和发展达到什么样的水平，需要考量其文化产品和服务的供给是否具有多样性、丰富性及有效性。换而言之，文化生活的繁荣兴盛是推动城市文化建设和发展取得成效的重要标志。改革开放40年来，广州城市文化建设和发展取得长足进步的重要成果也体现在城市文化生活的繁荣兴盛和市民在精神文化生活的获得感当中。

广州坚持开展群众文化活动创建工作，让市民广泛参与到身边的文化活动当中，通过丰富多彩、寓教于乐的文化体验来感受文化对生活意义的品质化提升。每年举办的迎春花市、广府庙会、波罗诞、乞巧节等传统民俗文化活动，已成为广州群众文化活动的重要品牌和增强文化影响力的重要名片；从化荔枝文化旅游节、增城何仙姑文化旅游节、南沙妈祖诞文化旅游节、黄埔香雪文化旅游节等文化旅游节庆活动的影响力也不断扩大；具有岭南地域特色和广泛群众基础的醒狮、龙舟、飘色、南音、私伙局、咸水歌、客家山歌、重阳登山等文化活动更是精彩纷呈、参与者众。

广州有岭南文化的深厚底蕴，又是改革开放的前沿地，为繁荣文艺创作提供了许多具有历史特点和时代风貌的鲜活素材。为了满足人民群众的精神文化生活需要，广州的文艺创作成果丰硕、文艺精品不断涌现。20世纪80年代初珠江电影制片厂拍摄的著名电影《雅马哈鱼档》，是我国第一部反映在改革开放背景下广州发展个体经济的影片，被誉为改革开放初期的“清明上河图”；以广州中国大酒店和东方宾馆为主要取景地拍摄的电视连续剧《公关小姐》，是一部反映改革开放成就的主旋律电视剧，获第九届全国“大众电视金鹰奖”优秀长篇连续剧奖等众多奖项；以改革开放初期广州人经商创业的喜怒哀乐为素材拍摄的电视连续剧《情满珠江》和《新情满珠江》，成为轰动一时的热播剧；体现广州风俗人情、为广州百姓喜闻乐见的电视连续剧《外来媳妇本地郎》，是中国电视史上播出时间最久、播出集数最多、同时段同类型节目收视率最高、影响力最广、经济效益最好的电视系列情景剧；刘斯奋创作的长篇小说《白柳门》，1994年获第四届茅盾文学奖；话剧《情结》、粤剧《星海·黄河》《碉楼》先后获文化部“文华剧目奖”；2010年，芭蕾舞剧《风雪夜归人》荣获文化部第13届“文华大奖”、粤剧《刑场上的婚礼》荣获文化部第13届“文华大奖特别奖”、《春雪润之》荣获文化部第13届“文华大奖优秀剧目奖”。文化产品的丰富带来了文化市场和文化消费的繁荣，进而也提升着精神文化生活的品质，改变着人们的社会心理和文化心境，让广州这座城市处处可以感受到文化发展所带来的理性与平和。

（五）文化创新驱动发展形成强大活力

文化的建设和发展离不开创新。党的十九大报告指出："要坚持为人民服务、为社会主义服务，坚持百花齐放、百家争鸣，坚持创造性转化、创新性发展，不断铸就中华文化新辉煌。"这既是建设社会主义文化强国的迫切要求，也是提供丰富的精神食粮、满足人民过上美好生活的迫切需要。对于一个城市的文化建设和发展而言，是否具有推动中华优秀传统文化创造性转化和创新性发展的能力与活力，将从根本上决定这座城市的文化发展是否真正具有影响力和引领力。

在改革开放过程中，尤其是进入21世纪以来，广州高度重视文化发展的创新能力建设，依托自身丰厚的文化资源禀赋和对外文化交流的便利条件，通过政府的政策引导，以企业为主体、以市场需求为导向，积极探索"文化+创意""文化+科技""文化+金融"等创新发展模式，大力促进文化与商贸、科技、金融、旅游、体育的深度融合发展，借助互联网、数字技术、新媒体融合等发展趋势积极培育文化产业新业态，形成了推动广州文化创新发展的强大活力。

2016年，中国（广州）国际演交会在全国率先推出了"互联网+演艺"的B2B（电子商务中企业对企业的交易方式）交易平台——"中演汇"，该平台是融合了展览、交易、信息分享等功能的网上演出交易平台，也是我国首家演艺交易的网站。广州文博会注重通过"互联网+"项目政策解读、示范引领工程和新技术展示等，向文博行业、社会企业等相关机构及民众解读"互联网+文物"领域版权交易政策与产业融合政策以及有关的项目发展战略。[①]这些都是广州推动文化创新发展、增强文化创

①广州大学广州发展研究院课题组：《2016年广州文化发展形势分析与2017年预测》，见屈哨兵、陆志强主编《中国广州文化发展报告（2017）》，社会科学文献出版社2017年版，第12页。

新创造活力的重要途径和重大成效。

三、40年发展的重要经验

经过40年对文化建设坚持不懈的艰苦奋斗和敢想会干的积极探索，广州的城市文化形象和文化功能不断提升，市民的文明素质、文明心态、文明习惯和文明风尚不断养成，文化事业和文化产业相互促进、协同发展、相得益彰，文化生活丰富多彩、文化发展繁荣兴盛的局面逐步形成，文化作为软实力对城市经济社会发展的引领和驱动作用越来越强。认真总结40年来广州文化建设和发展的成功经验，对新时代如何进一步坚定文化自信、推动社会主义文化繁荣兴盛具有非常重要的理论和实践意义。

（一）坚持马克思主义的文化发展观

改革开放是关乎当今中国前途命运的深刻变革，更是一项前无古人的伟大实践。推动这场伟大的社会变革，既需要科学理论的正确指引，也需要有能够鼓励、支持和引领人们投身这场伟大社会变革的文化氛围。在本质上，改革开放是一场深刻的自我革命，不仅需要有敢于“杀出一条血路来”的胆识和勇气，更需要有能够应对各种困难和挑战的智慧与能力，缺乏马克思主义理论的指引是根本不可能成功的。正如习近平总书记所说：“改革开放是我们党的历史上一次伟大觉醒，正是这个伟大觉醒孕育了新时期从理论到实践的伟大创造。”[①]40年来广州靠什

①中共中央文献研究室编：《习近平关于全面深化改革论述摘编》，中央文献出版社2014年版，第2页。

么始终走在改革开放的前列？一个最重要的因素就是在文化建设上始终坚持马克思主义的理论指引，始终坚持社会主义先进文化的前进方向，为坚定不移地走中国特色社会主义发展道路提供了理论指引、智力支持，为勇于解放思想、勇于敢闯敢试、勇于走在前列提供了强大的精神动力。

众所周知，文化是社会生活实践的产物。在人类文明进步的演进过程中，文化一经形成就作为相对独立的思想意识形态和社会意识形式，影响、规范甚至制约着人们的社会行为。根据文化对人类文明进步所起的不同作用，文化有先进文化和落后文化之分。对于自觉自主开展的文化建设而言，选择什么样的方向和道路，说到底就是选择什么样的文化作为发展目标和发展内容，本质上就是要回答到底应该用什么样的文化来引领和推动社会发展的问题。在40年的改革开放进程中，广州的文化建设首先强调的就是要坚持解放思想、实事求是，弄清楚什么是马克思主义、什么是社会主义，用邓小平理论、“三个代表”重要思想、科学发展观和习近平新时代中国特色社会主义思想等当代马克思主义中国化的最新成果武装头脑，从而坚定中国特色社会主义的道路自信、理论自信、制度自信和文化自信，始终高举中国特色社会主义伟大旗帜不动摇，既不走封闭僵化的老路，也不走改旗易帜的邪路。所以，广州人从落实“三个有利于”标准推动改革开放一路前行，到新的历史条件下运用新发展理念推动改革开放迈向新的伟大征程，都有着非常坚定的信心和源于理性的自觉。

其实，文化在本质上是社会生活实践的产物，并不独立存在于社会生活之外。文化建设的一项重要任务就是要在全社会培育能引领社会发展进步的公共价值理性，培育、树立和践行具有最大公约数、被全社会广泛认同的核心价值观。社会主义核心价值观是当代中国精神的集中体现，凝结着全体人民共同的价值追求。因而，文化建设“要以培养担当民族复兴大任的时代新人为着眼点，强化教育引导、实践养成、制度保障，发挥社会主义核心价值观对国民教育、精神文明创建、精神文化产品创作生产传播的引领作用，把社会主义核心价值观融入社会发展各方面，转化为人们的情感认同和行为习惯”①。在改革开放过程中，广州的文化建设也围绕树立和践行社会主义核心价值观来展开，注重正确处理文化主旋律与多样性的关系。强调文化的主旋律，就坚持社会主义核心价值观的主导地位和统领作用，并把它作为一条红线贯穿于推动文化建设和发展的全部工作当中，消弭改革开放进程中各种似是而非的错误思想或认识误区，以平衡和整合各种社会心理，化解各种文化冲突，形成推动改革开放不断走向深入的公共价值理性。所以，尽管40年来广州一直走在改革开放前列，长期受到西方文化的强烈影响和冲击，但是广州人并没有因此而成为“西化”的俘虏，既没有忘记自己的文化身份、迷失自己的文化发展方向，也没有丧失为实现中华民族伟大复兴而奋斗的精神斗志。可以说，改革开放40年来，广州面向世界、面向现代化、面向未来的发展，在大踏步赶上时代步伐的同时，始终坚守自身文化发展的根脉、本源，始终坚持社会主义先进文化的前进方向，在社会主义核心价值观的统领下不断推进传统与现代的融合、自我与他者的互鉴，并由此催生了主导性与多样性相得益彰的文化兴盛。

（二）加强社会主义的思想道德建设

思想道德建设是文化建设的重要内容，社会道德风貌如何是衡量文

①习近平：《决胜全面建成小康社会　夺取新时代中国特色社会主义伟大胜利——在中国共产党第十九次全国代表大会上的报告》，人民出版社2017年版，第42页。

化建设成效的重要尺度。在改革开放过程中，从原来的计划经济不断走向市场经济，经济发展的活力显著增强，人们的物质生活水平得到快速提高。但是市场化过程对社会生活所产生的负面影响也不断向道德领域渗透，出现了许多以“向钱看”为特征的拜金主义、“权钱交易”、贪污腐化等不道德现象，给文化建设，尤其是思想道德建设提出了严峻挑战。广州走在改革开放前列，这样的挑战毫无疑问也是要首先面对的。能否经受住这样的挑战，对广州文化建设而言是一种严峻的考验。然而，面对挑战和考验，广州并没有退缩，更没有逃避，而是在实践中始终坚定中国特色社会主义文化自信，积极探索加强社会主义思想道德建设的成功路径。

在改革开放过程中，广州积极引导市民从养成文明行为习惯做起，自觉把提高思想道德素质融入社会生活的各个方面、融入群众性精神文明创建活动的过程之中。大力推进以“环境优美、治安良好、服务配套、道德高尚、人际和谐”为主题的创建文明行业活动；深入开展以“五提倡五反对”（即提倡科学，反对迷信；提倡诚实劳动，反对好逸恶劳；提倡文明生活，反对赌博吸毒；提倡移风易俗，反对乱埋乱葬；提倡优生优育，反对抢生超生）为内容的“两个告别，两个走向”（即告别贫穷，走向富裕；告别愚昧，走向文明）系列活动；深入开展了以“八荣八耻”为内容的社会主义荣辱观教育活动。通过这些活动，市民的思想觉悟、道德风尚有了很大提高，见义勇为、助人为乐的好人好事大量涌现，遵纪守法、诚信友善的文明习惯逐步养成，良好的社会风气正在得到弘扬和发展。

最能体现广州这座城市文明风尚不断提升的靓丽“名片”是志愿服务的蓬勃兴起。自1987年广州开通了全国第一条志愿服务热线——中学生心声热线至今，广州志愿服务已走过了三十载的光辉岁月，历经了自主探索、组织推动、多元发展、整体提升、全民行动、常态化发展等阶段。截至2017年2月，“志愿时”平台登记的志愿服务组织达9924个，注册志愿者总数逾137万人，累计奉献3327万小时的服务。此外，社区义工队伍近6000支、志愿者（义工）达66万多人，人均服务时间超过16小时。除了广州青年志愿者协会下属的服务总队、分队以及义工联这些已具有一定规模和发展基础成熟的志愿服务组织以外，广州在全市机关、城区、农村、校园、企业等社会各界建立志愿服务队伍1.6万多支，组建机关和企事业单位党员志愿服务总队（支队、大队、队和分队）4364支，推动超过2000家社会组织参与志愿服务，全市注册志愿者占常住人口的比例达到15%，其中党团员比例达43%，志愿服务队伍的数量和质量均居全国前列。[①]如今志愿服务在广州已蔚然成风，志愿者的身影在人与人之间牵连着相互关爱的纽带，体现出人文关怀的大爱与温暖，展示着广州这座城市对人亲切和友善的情怀。

（三）凸显以人民为中心的价值理念

马克思主义的基本观点认为：“人民既是历史的创造者，也是历史的见证者；既是历史的‘剧中人’，也是历史的‘剧作者’。”[②]一切进步的文化，都是人民群众在创造历史的过程中形成的，也是对人民群众创造历史的伟大实践最生动的体现。从这一意义上说，社会主义文化的本质特征，就在于它的人民性——既要体现人民群众作为历史进步主体的创造性，也要满足人民群众精神文化生活的需要。

毛泽东曾经指出：“现阶段的中国新文化，是无产阶级领导的人民

---

①林洁、张蓉：《广州志愿服务探索“四化”发展新路》，《中国青年报》2017年3月13日。

②习近平：《在文艺工作座谈会上的讲话》，《人民日报》2015年10月15日。

大众的反帝反封建的文化。”[①]因而，他强调：“我们的文学艺术都是为人民大众的，首先是为工农兵的，为工农兵而创作，为工农兵所利用的。”[②]习近平总书记也指出：“社会主义文艺，从本质上讲，就是人民的文艺。……文艺要反映好人民心声，就要坚持为人民服务、为社会主义服务这个根本方向。这是党对文艺战线提出的一项基本要求，也是决定我国文艺事业前途命运的关键。”[③]此重要论述虽然是对文艺应当为谁服务的问题的回答，但实质上也是对何为社会主义文化的本质的明确回答，更是表明了我们党长期形成并始终坚持的基本理念——建设和发展社会主义文化和文艺都必须坚持人民立场，以人民为中心。

在改革开放过程中，广州不论在经济建设还是在文化建设方面都非常强调维护人民的主体地位，始终坚持把人民利益放在首位。始终坚持文化建设和发展的人民立场，注重把工作的出发点和落脚点放在对市民文化权利的维护、实现和发展之上，不断改善市民参与公共文化生活的条件，并不断增强市民在精神文化生活中的获得感和幸福感。一方面，通过广泛开展人民群众喜闻乐见的文化活动，把人民群众推动文化发展的智慧和力量充分激发和调动出来，让文化建设得到人民群众的支持和拥护；另一方面，通过健全和完善公共文化设施建设增强公共文化服务能力，通过公共文化场馆免费开放、政府购买文化服务等方式广泛开展“文化惠民”活动；另外，利用公共文化服务设施（图书馆、展览馆、博物馆、文化馆、影剧院等）广泛开展面向市民群众的文化讲座、艺术鉴赏等普及活动，不断提高群众的文化艺术素养和自主参与文化活动的能力，如广州图书馆与广东省文化学会合作举办名为“雅村文化空间”

①《毛泽东选集》第三卷，人民出版社1991年版，第855页。
②《毛泽东选集》第三卷，人民出版社1991年版，第863页。
③习近平：《在文艺工作座谈会上的讲话》，《人民日报》2015年5月15日。

的艺术讲座，长期邀请各方面的艺术家免费为群众普及高雅艺术，至2018年11月18日已经举办了165期，深受广大群众的喜爱和追捧。

（四）以弘扬优秀岭南文化为根基

文化作为一个国家、一个民族的灵魂，它在精神境界中升华出来的品格，从来都蕴含着历史根脉的传承。尽管不同的历史阶段和不同的时代变化对文化建设提出的要求和任务是不同的，但是任何时候从历史传承下来的文化精神都不能隔断，否则文化建设就会因为失去根基和土壤，而不能根深叶茂、繁荣兴盛。这说明增强文化自信至关重要。因此，习近平总书记指出："文化自信是一个国家、一个民族发展中更基本、更深沉、更持久的力量。"①"没有高度的文化自信，没有文化的繁荣兴盛，就没有中华民族伟大复兴。"②对于一个城市的文化建设和发展而言，坚定文化自信就是要对这座城市从历史走来所形成的文化品格和文化传统有足够的尊重、坚守和爱护，不能妄自菲薄，更不能简单否定。

在改革开放过程中，广州文化建设很重要的成功经验也在于对自己这座城市的文化传承有特别的尊重、特别的厚爱和特别的自信。岭南古为百越之地，是百越族生活居住的地方。岭南文化也是中华优秀文化的重要组成部分，岭南文化与湘楚文化、吴越文化等都是中华文明的重要文脉。无论是古代、近现代，还是当代，岭南文化都以其鲜明的地域特

---

①习近平：《决胜全面建成小康社会　夺取新时代中国特色社会主义伟大胜利——在中国共产党第十九次全国代表大会上的报告》，人民出版社2017年版，第23页。

②习近平：《决胜全面建成小康社会　夺取新时代中国特色社会主义伟大胜利——在中国共产党第十九次全国代表大会上的报告》，人民出版社2017年版，第41页。

色、浓郁的地方风情展示着自己的风采和魅力。翻开广州的历史，它在公元前214年建城，至今已有2200多年没有中断的建城史，是名副其实的历史文化名城。在历史的演进过程中，广州这座历史名城虽然经历了沧海桑田的岁月流觞，但是它的城市中心从建城开始到现在都在同一个地方，这在世界城市的发展史上极为罕见。正因为如此，广州这座城市才积淀了绵延不断的厚重文化；也正因为如此，广州作为岭南文化中心地才饱含着由内而外不断延续的文化传承，饱含着具有浓郁岭南气质和行为特点的文化精神。

改革开放40年来，广州敢为人先的创新发展，其实一直都在彰显着它作为岭南文化中心地的文化品格和文化精神，广州人也始终秉承着岭南文化自古以来都倡导的以求真务实、开放包容、择善而从为核心的价值理性和文化心境。或许可以这样说，广州推进文化建设的实践过程，是以岭南文化优秀传统的传承为基础，融党领导人民在革命、建设、改革中创造的革命文化和社会主义先进文化为一体，不断提升城市文化软实力的过程。如果说改革开放过程中广州能先行一步、走在前列，是因为近代以来岭南文化精神让广州这座城市率先接受先进工业文明的洗礼，有了“睁开眼睛看世界”的文化觉醒和“师夷长技以制夷”的文化自觉；那么，在改革开放过程中通过对岭南文化精神的坚守和传承，坚持不忘本来、吸收外来、面向未来，又让广州这座从历史走来的文化名城焕发出不断与时俱进的蓬勃生机。

（五）以深化改革激发文化创新活力

深化文化体制改革，是推动文化建设机制创新的重要前提，也是推动社会主义文化大发展大繁荣的重要动力。中国共产党第十七届中央委员会第六次全体会议上审议通过的《中共中央关于深化文化体制改革推动社会主义文化大发展大繁荣若干重大问题的决定》指出："文化引领时代风气之先，是最需要创新的领域。必须牢牢把握正确方向，加快推进文化体制改革，建立健全党委领导、政府管理、行业自律、社会监督、企事业单位依法运营的文化管理体制和富有活力的文化产品生产经营机制，发挥市场在文化资源配置中的积极作用，创新文化走出去模式，为文化繁荣发展提供强大动力。"[①]在改革开放过程中，广州的文化建设始终坚持推动文化体制改革，创新文化发展理念，解放和发展文化生产力，着力构建有利于文化繁荣发展的体制机制，推动文化事业和文化产业共同发展，大幅度提高了人民基本文化权益保障水平，大幅度提高了文化在经济社会发展中的地位和作用。

改革开放以来，广州不断深化文化行政管理体制改革，加快政府职能转变，强化政策调节、市场监管、社会管理、公共服务职能，推动政企分开、政事分开，理顺政府和文化企事业单位关系。着力破解国有经营性文化单位改革发展的体制机制问题，重点推进市属文艺院团改革、广播电视台综合配套改革、区一级广电网络及新华书店整合工作；积极推动市属主要媒体企业探索"实行特殊管理股制度"；开展法人治理结构试点，逐步建立适应现代企业制度要求、体现文化企业特点的生产运营机制和经营管理模式；先行先试推进文化行政体制改革，优化文化审批事项；加快文化立法，制定和完善公共文化服务保障、文化产业振兴、文化市场管理等方面的法律法规，提高文化建设法制化水平。

根据党的十七届六中全会上审议通过的《中共中央关于深化文化体制改革推动社会主义文化大发展大繁荣若干重大问题的决定》的战略部

①《中共中央关于深化文化体制改革推动社会主义文化大发展大繁荣若干重大问题的决定》，《人民日报》2011年10月26日。

署，广州立足本市实际情况，坚持社会效益与经济效益相统一、突出社会效益为重和优先的原则，以建立现代企业制度为重点，不断深化国有文化单位改革。围绕做强做大国有文化企业集团、深化媒体改革、健全国有文化资产管理体制、推进区县文化事业单位改革四个重点难点，组建了广州文化投资集团公司，以粤传媒为载体整合各类优质文化资源，打造强有力、跨行业、跨媒体的文化投融资平台。与此同时，广州通过大力发展文化产品和服务市场，培育产权、版权、技术、信息等要素市场，加强相关领域的行业组织建设，积极探索构建现代文化市场体系，通过中国（广州）国际漫画节、中国（广州）国际演艺交易会、广州国际文物博物馆版权交易博览会等平台，大力推动文化产权、版权、技术交易，让广州文化市场充满活力、健康发展。

（六）积极推动国内外文化交流与合作

文化建设从来都不能囿于一隅、自说自话，需要有百花齐放、百家争鸣的文化氛围。因而，必须有多渠道多形式多层次的文化合作与交流，这是推动社会主义文化繁荣兴盛的重要途径。在改革开放过程中，广州可谓是各种文化交流和汇聚的“南风窗”，文化建设的一举一动都处于境内外媒体和舆论的监督当中，这无疑会为广州文化发展带来一些不可忽视的纷扰，但是也给广州的文化合作与交流带来了诸多便利。为此，广州提出要坚持“百花齐放，百家争鸣”“古为今用，洋为中用”的方针，“对祖国丰富的文化遗产，对广州悠久的历史和传统文化，要取其精华，去其糟粕；对外来文化，要坚持‘有所引进，有所抵制’，‘排污不排外’的原则，既要警惕西方剥削阶级腐朽思想文化的侵蚀，又要把人类创造的一切优秀文化成果熔铸于我们的新文化之中”[①]。所以，积极探索多渠道多形式多层次的文化交流与合作的发展模式成为广州文化建设又一条重要经验。

改革开放以来，广州高度重视哲学社会科学的研究，围绕市委、市政府的中心工作，不断创新推动学术研究和交流的体制机制，充分发挥哲学社会科学研究所的“智库”作用，为党委和政府提供决策咨询服务。1986—2008年，广州先后举办了七次文化发展战略研讨会，结合不同时期文化建设和发展的实践要求展开研究和探讨，吸引了许多来自全国各地的知名学者参与，为制定“广州文化发展战略纲要”建言献策。从1990年开始，每年举办由市委书记、市长圈题的社会科学研究课题招标活动，每次都吸引了大批广州地区学者的关注、跟踪和研究，成为广州哲学社会科学研究与实际相结合、为现实服务的代表性事件，成为哲学社会科学学术研究和交流的重要平台与品牌项目。

广州以举办羊城国际粤剧节为抓手，架起了与海外文化沟通与交流的桥梁。羊城国际粤剧节自1990年举办第一届以来，吸引了大批海内外粤剧艺术家和爱好者前来参加，不断学习和交流。其中，2016年举办的第六届羊城国际粤剧节，有来自20多个国家和地区的13个粤剧社团（私伙局）近万名粤剧艺术家和爱好者参加。[②]穗港澳之间的文化交流更是蓬勃发展，作为粤剧之都的广州在促进穗港澳人文交流中发挥了重要作用。以广州粤剧院为例，在香港新光戏院举办“香港缅怀一代粤剧宗师红线女”演出，连续多年在香港黄大仙区摩士四号场举办香港黄大仙区送暖行动——“敬老粤剧欣赏会”活动，2016年赴港演出34次64场，赴

①张汉青：《全面贯彻党的基本路线，为胜利完成广州市十年规划和“八五”计划而奋斗——在中国共产党广州市第六次代表大会上的报告》，见王晓玲主编《广州改革开放30年》，广东人民出版社2008年版，第520页。

②屈哨兵、陆志强：《中国广州文化发展报告（2017）》，社会科学文献出版社2017年版，第10页。

澳演出9次14场，不少演员在港澳都有固定粉丝，越来越多的港澳观众喜欢看“省城来的大戏”。此外，广州每年还举办中国（广州）国际纪录片节、广州艺术节、广州国际艺术博览会、广州国际灯光节等活动，持续广泛地开展对外文化宣传与交流，不断扩大广州的文化影响力。其中，中国（广州）国际纪录片节创始于2003年，由国家新闻出版广电总局和广东省人民政府主办，是国内唯一具备纪录片投融资、交易功能的国家级专业纪录片节展，集影片评优、展映、论坛、市场活动、业内交流等内容为一体。2017年共征集113个国家或地区4239部（集）作品参与，是全球纪录片产业链条中的重要环节和推动国际文化交流的优质平台。

四、新时代蕴含文化期待

党的十九大报告指出：“经过长期努力，中国特色社会主义进入了新时代，这是我国发展新的历史方位。”[①]这是我们党对改革开放以来经济社会发展所处历史方位作出的新判断。中国特色社会主义进入新时代，表明我们比历史上任何时期都更接近、更有信心和能力实现中华民族伟大复兴的目标。然而，“中华民族伟大复兴，绝不是轻轻松松、敲锣打鼓就能实现的。全党必须准备付出更为艰巨、更为艰苦的努力”[②]。这就要求全党要坚定信心、奋发有为，让中国特色社会主义展现出更加强大的生命力！对于文化建设而言，进入新时代需要更加坚定中国特色

①习近平：《决胜全面建成小康社会　夺取新时代中国特色社会主义伟大胜利——在中国共产党第十九次全国代表大会上的报告》，人民出版社2017年版，第10页。

②习近平：《决胜全面建成小康社会　夺取新时代中国特色社会主义伟大胜利——在中国共产党第十九次全国代表大会上的报告》，人民出版社2017年版，第15页。

社会主义的文化自信，更加增强全面提升文化建设质量和效益的实践自觉，更加努力推动社会主义文化繁荣兴盛。

（一）进入新时代可期待的文化愿景

中国特色社会主义进入新时代，这个“新时代”的“新”不是一个简单的时间概念，不好具体到用某年某月的某一天来算作它的开始。这个“新时代”的“新”是具有深刻文化意义和文化内涵的，它意味着生活意义和价值判断的范式转换，意味着主体地位的提升、自主意识的增强和更能带来自我价值的实现。因此，认同、理解和迎接这样的“新时代”，需要有基于文化理性的思考、判断与期待。

1. 新时代需要推动文化繁荣兴盛

进入中国特色社会主义新时代，首先意味着近代以来久经磨难的中华民族迎来了从站起来、富起来到强起来的伟大飞跃，迎来了实现中华民族伟大复兴的光明前景。不论是历史还是当下，任何国家的强盛和民族的振兴都离不开其文化的支撑。

正所谓“文化兴国运兴，文化强民族强”。为此，党的十九大报告指出：“没有高度的文化自信，没有文化的繁荣兴盛，就没有中华民族伟大复兴。”[①]这就意味着，进入中国特色社会主义新时代，不能以为经过改革开放40年的努力文化建设的任务就完成了，可以坐享其成、无所作为地满足于已经建立的基本公共文化服务体系和已经达到的基本公共文化服务标准化、均等化成果了。要清醒地认识到社会的发展没有尽头，文化发展只有进行时，没有完成时。而且，社会发展越是走向文明进

①习近平：《决胜全面建成小康社会　夺取新时代中国特色社会主义伟大胜利——在中国共产党第十九次全国代表大会上的报告》，人民出版社2017年版，第41页。

步，其实对文化建设和发展提出的要求就越高。这就要求我们在新的时代更要重视文化建设，要从实现国家强盛和民族复兴的战略高度，进一步激发全民族文化创新创造活力，着力推进社会主义文化繁荣兴盛，建设社会主义文化强国。

2. 新时代需要培育文化价值理性

经过长期努力，尤其是改革开放以来，我国的生产力水平显著提升，综合国力显著增强，人民生活水平显著提高，中国特色社会主义进入了新时代。这在中华人民共和国发展史上、中华民族发展史上具有重大意义，在世界社会主义发展史上、人类社会发展史上也具有重大意义。

党的十九大报告指出："这个新时代，是承前启后、继往开来、在新的历史条件下继续夺取中国特色社会主义伟大胜利的时代，是决胜全面建成小康社会、进而全面建设社会主义现代化强国的时代，是全国各族人民团结奋斗、不断创造美好生活、逐步实现全体人民共同富裕的时代，是全体中华儿女勠力同心、奋力实现中华民族伟大复兴中国梦的时代，是我国日益走近世界舞台中央、不断为人类作出更大贡献的时代。"[①]进入这样的新时代，最重要的历史任务是要决胜全面建成小康社会、开启全面建设社会主义现代化国家新征程，到新中国成立一百年时，把我国建成富强民主文明和谐美丽的社会主义现代化强国。可以说，进入新时代在本质上是要实现从传统社会走向现代化的历史性跨越。这就意味着我们要彻底变革传统的思维方式和行为方式，在思想观念、价值理念乃至心理、心态和人格上进行取向现代化的调整与转换。

而面对这样一场从社会到观念、到心理、到人格、到意识的深刻变

①习近平：《决胜全面建成小康社会　夺取新时代中国特色社会主义伟大胜利——在中国共产党第十九次全国代表大会上的报告》，人民出版社2017年版，第10～11页。

革，不是每个人都能自觉适应的。如果每个人都不接受这种取向现代化的心理转变，不能自觉按照现代化发展要求进行心性调整的“人格转换”，不可能形成推动现代化发展的强大主体力量，那么现代化的发展目标就不可能实现。在“拉美陷阱”的深刻教训当中，最重要的一条就是缺乏这种取向现代化发展的“人格转换”，所以他们取向现代化发展的愿望只能落空。如果我们要在建成社会主义现代化国家的新征程中抓住机遇、迎难而上、行稳致远，就迫切需要加强引领和推动现代化发展所必需的文化建设。因此，进入新时代蕴含着加强社会主义文化建设的重要责任和使命。

3. 新时代需要文化滋养美好生活

文化既是人类精神生产的产物，也是人类精神栖居的家园。进入中国特色社会主义新时代的重要标志，是“我国社会主要矛盾已经转化为人民日益增长的美好生活需要和不平衡不充分的发展之间的矛盾”[①]。因为根据马斯洛的需要层次论，人的需要总是不断由低级向高级提升的。改革开放以来，随着经济发展和物质生活水平的提高，人民对美好生活的需要必然日益增长、日益广泛，不仅表现在对物质文化生活提出了更高要求，而且在民主、法治、公平、正义、安全、环境等方面的要求也日益增长。

在文化意义上说，人民对美好生活的需要不仅是解决“有没有”的问题，更重要的还是要解决“好不好”和“美不美”的问题。“好不好”和“美不美”就包含了意义解读和审美判断，如果没有文化修养和文化情趣，是很难作出合理评价、给出满意答案的。马克思说过：“因

①习近平：《决胜全面建成小康社会　夺取新时代中国特色社会主义伟大胜利——在中国共产党第十九次全国代表大会上的报告》，人民出版社2017年版，第11页。

为要多方面享受，他就必须有享受的能力，因此他必须是具有高度文明的人。”[①]这就意味着人的生活越是进入高端化、品质化，就越需要有对生活意义的理性认知能力和审美评价能力的文化提升。这种提升，其实是人在新时代能否真正追求和品味美好生活所必需的文化心境。可以说，进入中国特色社会主义新时代是一个新的文化时代的来临，它需要有文化对新的美好生活给出最适合主体个性化诉求的心理安顿和意义调适。

因此，进入新时代的文化建设更加具有对全民文化素质提升的紧迫性。至于美好生活本身包含着人们对文化需求和艺术享受有更高层次的追求，这就更加需要通过加强文化建设来满足。尤其要通过文化产品和服务的供给侧结构性改革来引导新的文化消费，增强人民群众对提升精神文化生活品质的获得感和满足感，避免各种腐朽文化、糟粕文化、低俗文化给人带来的灵魂扭曲、思想堕落和精神萎靡。

（二）文化建设要正视的问题与挑战

改革开放40年来，广州的文化建设取得了长足进步和发展。不论在全社会的思想理念、人文精神、文明素质方面，还是在文化基础设施、公共文化服务、文化产业方面，广州城市文化建设已经达到的水平和规模都是前所未有的。但是，从进入中国特色社会主义新时代的经济社会发展对文化建设提出的新要求来看，广州文化建设还存在不少短板和问题，在新征程上需要面对的新挑战也是不可忽视的。

1. 城市文化形象的特色不鲜明

广州是一座具有深厚文化底蕴的城市，文化资源非常丰富，但是长期以来人们对广州的文化认同非常有限，甚至对广州文化还有不少的

---

①《马克思恩格斯全集》第四卷，人民出版社1979年版，第392页。

负面印象，比如有“文化沙漠论”“文化肤浅论”“文化粗俗论”“舶来文化论”“边缘文化论”等，似乎广州只是人来人往做生意的“商城”，没有什么值得称道的文化可言。

改革开放以来，虽然广州在文化建设上下了许多功夫，尤其是亚运会的成功举办让城市文化形象得到了很大改善，但是人们对广州作为现代文化都市还是没有形成广泛认同。主要原因就是在文化建设过程中城市文化形象的定位不清，提升文化认知度和认同度所需要的特色和风格没有凸显出来。

从客观角度看，一座城市要培育和形成特色鲜明的文化形象并非一日之功，它需要一个长期积累的过程，不可能立竿见影、一蹴而就。所以，尽管广州一直在努力、文化建设的总体水平不断在提升，但仍然还有较长的路要走。从主观上看，一座城市的文化形象如何定位也有一个逐步认识和明确的过程，不可能一锤定音，更不会一成不变，不少认识都需要进一步斟酌和修正。比如20世纪90年代，广州曾经把城市文化精神确定为“稻穗鲜花献人民”，“稻穗”和“鲜花”虽然与广州的别称“穗城”和“花城”有所联系，但要把二者作为这座城市精神文化的内涵来表达，其所能展示的文化特色和品格恐怕就非常有限了。

2. 文化建设的协同性亟待加强

任何时候，文化建设和发展都不能画地为牢、单打独斗。文化是社会生活的重要组成部分，必须融入经济社会发展的全过程之中，实现相互协同、相得益彰的发展。就一座城市而言，文化的功能并不是单一的、孤立的，它要融入城市运行的各个系统和部门、渗透城市社会生活的方方面面，通过相互协同、相互配合、相互促进，来体现其在文化层面上的进步或落后，表现出具有真善美评价意义上的品位高低。

所以，文化建设不能仅仅看成是文化部门的事情，它需要全社会的相互协同、相互配合、相互推动，否则再完美无缺的文化发展规划也不可能得到真正有效的落实。在改革开放过程中，虽然广州的文化建设逐步得到加强，总体思路和布局也逐步明晰，但是文化建设和发展的部门化、单一化与项目化特征比较明显，文化建设如何融入经济社会发展全过程也缺乏有效的思路、途径和机制，导致文化建设在整体效能和功能上出现诸多的不协调，从而制约着文化发展的质量和水平。比如对公共文化事业发展的经费投入相对不足，文化发展的投入水平与经济实力相比存在着较大差距，文化服务“缺钱”的状况一直没有得到根本改变；又比如新旧城区之间、城市和农村之间公共文化服务体系建设不均衡，导致提供公共文化服务的能力、品质和效能存在着较大的差距，从而影响到市民对公共文化服务的满意度评价和文化获得感的提升。

进入21世纪，随着一个以知识生产力为引领和主导的新文化时代的来临，“文化越来越成为民族凝聚力和创造力的重要源泉、越来越成为综合国力竞争的重要因素、越来越成为经济社会发展的重要支撑”[①]，广州迫切需要解决文化滞后于经济社会发展的问题。未来广州的文化建设，要高度重视文化与经济社会发展之间相互协同，切实按照经济建设、政治建设、文化建设、社会建设、生态文明建设一起布局的总要求，使之相互协调、同步推进、整体落实。

3. 城市文化引领功能有待提升

城市是人类文明进步的产物，也是人类文明进步的标志。曾经，城市的经济功能被确定为主要功能，结果经济功能被强化和放大，文化功能被忽视和压缩。随着城市竞争的不断升级，城市文化功能越来越受重

---

①《中共中央关于深化文化体制改革推动社会主义文化大发展大繁荣若干重大问题的决定》，《人民日报》2011年10月26日。

视，文化建设也不断得到加强。文化软实力已经越来越成为城市综合竞争力的重要指标。

“对于城市发展而言，如果说以往的文化建设起到的更多的是类似‘花瓶’的作用，是体现繁荣的配角，那么未来一个阶段，文化对于城市的意义将更多体现在实际的要素推动乃至城市发展‘软实力’的表现上。”[①]在城市的文化功能当中，最有影响力和最具竞争力的无疑是它的文化引领功能。所谓引领就是走在前列、起着引导和示范作用。一个城市的文化引领功能强弱决定着它的文化竞争力高低，也是衡量其城市地位的重要尺度。改革开放初期，广州城市文化的引领功能是比较强大的，尤其是在大众流行文化方面，曾经一度形成了很有影响、被全国热追的“广式文化潮”，但是后来“广式文化潮”又逐渐式微。

为什么城市经济实力不断增强的同时广州的文化引领功能并没有同步提升？主要原因是：（1）文化体制改革的力度不够大，文化管理体制的机制也不够活，高端文化人才集聚度较低，文化发展的创新活力没有充分激发；（2）文化市场的开发不足，缺乏有市场占有度和影响力的文化产品，在国内外获奖的精品力作也不多，城市文化带动力和影响力有限；（3）在文化产业发展中没有带动力强的龙头企业，文化创意产业“小、散、弱”的局面没有完全改变，文化发展的品牌、规模和水平都缺乏足够的竞争力；（4）文化消费需求仍主要停留在大众普及性的层次当中，有些文化需求甚至还有低俗化倾向，对推动文化发展取向高品质发展缺乏主动性、积极性和创新性。这些问题或短板的存在，影响和制约了广州对文化发展的引领力。

①屠启宇：《国际城市发展报告（2012）》，社会科学文献出版社2012年版，第9页。

（三）文化建设要有新视野与新思路

进入中国特色社会主义新时代，需要我们进一步开创文化建设和发展的新局面，更有作为、更有成效地推动社会主义文化繁荣兴盛。以40年来率先改革开放所取得的辉煌成就为基础，以习近平新时代中国特色社会主义思想为指导，坚持胸怀理想、坚定信念、凝心聚力，坚定不移地走中国特色社会主义文化发展道路。我们有理由相信，广州一定能以更加充满开放活力与魅力的文化形象拥抱世界，走向未来。

1. 以国际化视野推进文化的新发展

经过改革开放40年的发展，广州的文化建设与经济社会发展一样，都已经站在了新的历史方位上。作为一个代表中国率先改革开放并取得辉煌成就的城市典范，广州要以崭新的面貌登上世界舞台、融入国际化发展的全球城市体系当中；作为国家中心城市，广州要在全面深化改革、提升开放水平、扩大中国特色社会主义文化影响力的新征程中有更大的担当，要成为践行习近平新时代中国特色社会主义思想的示范城市，要代表国家向世界展示中华文化的新辉煌。这就决定了广州的文化建设不能囿于独善其身、自我满足、自得其乐的“小天地”之中，必须有迈向全球化发展的国际化视野和要成为有影响力的国际文化城市的宏大气魄。

进入新时代、开启新征程。要把源自中华民族5000多年文明史所孕育的中华优秀传统文化与我们党领导人民创造的革命文化和社会主义先进文化融为一体，让它植根于新时代中国特色社会主义伟大实践，成为发展面向现代化、面向世界、面向未来的社会主义文化的先行地和示范区，为实现广州对接国家“一带一路”建设所提出的“建设枢纽型网络城市”目标提供坚实的文化支撑。

枢纽型网络城市在全球城市网络体系中处于枢纽地位，具有很强的支配、调控和引导功能，比如纽约、伦敦、巴黎等。把广州建设成为枢纽型网络城市是有国际化视野的，也是符合广州城市功能提升的发展要求的。但是，建设枢纽型网络城市不仅需要“硬件”基础，更需要“软件”支撑。为此，未来广州的文化建设需要围绕夯实建设枢纽型网络城市的文化基础做文章，大手笔布局和推进以习近平新时代中国特色社会主义思想为指导的城市文化体系建设，以新时代“中国·广州”的文化身份向世界展示一个新型国际大都市的文化风采。

2. 大力实施文化创新驱动发展战略

从哲学理论上说，能否真正推动事物运动变化的新发展、形成新优势，关键在于有没有内因与外因相结合所产生的动力和活力。如果没有动力或者失去动力，那么即使有再明确的目标和方向还是无法继续前行，更不要说能到达理想的终点；如果没有活力或失去活力，那么即使有再好的条件和基础还是无法发挥作用，更不要说能形成发展的优势。这对于推动文化建设而言，道理也是同样的。一个城市如果没有文化建设的动力和活力，纵然它有对文化建设和发展的目标和希望，其结果还是望梅止渴，不可能真正如愿以偿。所以，推动文化建设的新举措不能只停留在口头上，而要落实到推动广州城市建设和发展的具体行动中。当前，要通过全面实施文化创新驱动发展战略，来调动和激发全民族、全社会文化创新创造活力，以形成推动文化建设的强大动力和活力。

创新驱动发展战略是党的十九大在决胜全面建成小康社会、开启全面建设社会主义现代化国家新征程的总体布局中提出的一项重要举措。全面实施创新驱动发展战略是坚持新发展理念，全面贯彻党的基本理论、基本路线、基本方略的实践要求。全面实施创新驱动发展战略的关键就在于创新，因为“创新是引领发展的第一动力”①。在文化建设上，全面实施创新驱动发展战略关键也在于推动创新。既要通过文化管理体制机制的全面改革创新，来调动全社会参与文化建设和发展的积极性、主动性和创造性；又要通过繁荣文化市场、扩大文化消费的体制机制创新，来推动文化产品生产、流通和服务的多元化经营和多层次供给，引导文化事业和文化产业相互促进、健康发展。

广州全面实施文化创新驱动发展战略，要着重围绕提升城市文化引领功能来展开。换言之，要把创新驱动落实到能推动广州文化建设发挥引导、带动和示范作用之上。走过40年文化建设和发展的历程，今天的广州并不是没有文化，更不是所谓的“文化沙漠”，而是在与许多兄弟城市的比较当中确实缺乏有足够引领能力的文化“大师”“大作”“大气”和“大业”，而且在国际化发展的背景下，这样的引领能力还必须是有国际水平的。所以，广州要把文化创新驱动发展战略落实到推动文化建设新发展的各个方面，尤其要通过体制机制的创新和突破，营造广州推动引领型文化发展的新优势和新气象。

3. 开启文化引领美好生活的新时代

法国著名作家雨果有句名言：人有了物质才能生存，有了理想才能生活。这其实就是说，人跟动物最大的区别就是人要有精神文化生活。在这一意义上，人类的进步和发展史可以看作是一部文化发展史，或者说是一部人类文明的发展史。在社会发展过程中，文化建设和发展显然从来都是不可或缺的，而且人类社会越是告别野蛮走向文明就越需要文化提供的理性滋养和文化带来的精神满足。所以，文化建设不应该是可

①习近平：《决胜全面建成小康社会　夺取新时代中国特色社会主义伟大胜利——在中国共产党第十九次全国代表大会上的报告》，人民出版社2017年版，第31页。

有可无的，也不是间断性的，那种认为文化建设“说起来重要，做起来次要，忙起来不要”的观点是完全错误的。

社会主义的文化建设要与人民群众对精神文化生活发展要求相适应，要不断提供丰富的精神食粮。尤其是在物质生活水平普遍提高的基础上，人民群众对美好生活的期待就越来越变成对文化和审美的追求，表现为各种文化需求在品质和档次上的提升。所以，在中国特色社会主义进入新时代之后，社会主要矛盾转化为人民日益增长的美好生活需要和不平衡不充分的发展之间的矛盾。如何全面提升文化产品和服务供给的数量和质量，以更好地满足人民群众过上美好生活后对精神文化生活的需要，就成为推进文化建设的重中之重。

广州要在改革开放40年不断夯实和完善城市公共文化服务体系建设的物质基础上，以及不断提升和优化公共文化服务能力建设的现代化水平上，以人民群众过上美好生活对文化需求的期待为导向，进一步加快构建现代公共文化服务体系，以更高水平的优质公共文化产品和服务供给，让人民群众在广州过上“诗意般栖居”的美好生活，以增强对自己精神家园的心理认同以及精神满足上的获得感和幸福感。尤其要将构建现代公共文化服务体系纳入全面深化改革、提升发展质量和效益的全局，以基层、农村、边远地区作为重点，着力解决区域、城乡、人群之间公共文化资源、服务欠均衡问题，让全市人民可以共享文化发展成果，共同迎接过上更加幸福美好生活的新时代到来。

第二章

文化建设与城市发展

改革开放40年来，广州围绕提升文化软实力、增强文化发展优势，坚持把文化建设与经济建设、政治建设、社会建设和生态文明建设一起布局、协调推进，不断推动文化建设与城市发展实现良性互动。如今，广州作为一个以中华优秀传统文化为根脉，以岭南文化为底蕴、以中国共产党领导人民创立的革命文化为精神支柱、以社会主义先进文化为文明导向的现代文化都市，已经越来越获得广泛认同，并越来越成为广州走向世界最具活力的文化优势。

一、以文化建设推动城市文明进步

文化是人类改造自然、改造社会和改造自我的成果，体现着人类不断走向文明进步的途径、方式、能力和水平，具有不同时代的历史印记、品格特征和精神风貌。城市文明建设和发展要以文化建设和发展为内容，要把文化建设纳入城市发展的全过程，形成以文化建设为引领的发展方向。改革开放40年来，广州高度重视城市文化的建设和发展，以文化为引领的城市文明进步不断迈出新步伐、不断融入新内涵、不断形成新优势，让广州这座“千年商都”在文化传承中彰显着面向现代化、面向世界、面向未来的时代活力。

（一）文化建设促进经济发展

马克思主义的基本观点认为，文化是社会生活的反映。文化作为思想观念、价值追求和理性精神渗透在社会生活的各个方面，对经济发展具有重要的影响作用。改革开放40年来，广州高度重视文化建设和发展，为推动经济持续快速健康发展提供了非常重要的思想引领、观念更新和理性支持。

1. 文化对经济发展的重要意义

文化蕴含着人们对社会生活的向往和期待，对经济发展有着重要的推动作用。著名学者亨廷顿曾就加纳和韩国的发展作过一个比较经典的分析。20世纪60年代初，经济统计数据表明加纳和韩国当时的经济发展水平相当：在经济构成方面，初级产品、制造业和服务业所占的比例相近；绝大部分的出口是初级产品，韩国当时仅生产为数不多的若干工业制成品；两国接受的经济援助水平也差不多相等。然而，30年之后，韩国变成了一个工业巨人，经济总量名列世界第14位，加纳却没有发生这样的变化，其人均国民生产总值仅相当于韩国的1/14。发展快慢相差如此悬殊，如何解释呢？亨廷顿认为："无疑，这当中有多种因素，然而在我看来，文化应是一个重要原因。韩国人珍视节俭、投资、勤奋、教育、组织和纪律。加纳人的价值观则有所不同。简而言之，文化在起作用。"[①]这说明，文化并非在经济之外。随着知识经济时代的来临，文化对经济发展的重要意义更加不可忽视。

---

①［美］塞缪尔·亨廷顿、劳伦斯·哈里森主编，陈克雄译：《文化的重要作用——价值观如何影响人类进步》，新华出版社2002年版，前言第1页。

2. 文化何以促进经济的发展

亨廷顿所分析的案例，对于我们认识文化对经济发展的重要作用是有帮助和启示的。韩国人和加纳人在思想理念、价值观念以及精神状态上存在的文化差异导致经济发展出现巨大差距，这表明不同的文化对经济发展所起的作用是不同的。那么，文明进步的文化价值理念是如何形成的呢？这当然有自发的形成过程和自主的形成过程。所谓自发的形成过程，就是人们在社会生活中耳濡目染、偶受启发、逐渐形成广泛认知的过程。所谓自主的形成过程，就是在社会生活中主动开展文化宣传教育，通过教育实践活动来提高理性认识的过程。这就是我们今天所说的重视和加强文化建设的过程。因此，文化建设要充分考虑文化价值理念对经济发展的适应性、支撑性和推动性问题，让那些有利于经济发展的价值观念成为人们社会生活的主导理念，才能真正发挥出文化对经济发展的巨大推动作用。

3. 文化建设助推广州经济发展

以党的十一届三中全会为标志，中国拉开了改革开放的帷幕。广州凭借毗邻港澳的独特地缘、人缘和业缘优势，成为改革开放的“排头兵”，承担着“先行一步”的历史重任。以经济建设为中心、推动经济社会快速健康发展，是党的工作重心转移之后开展各项具体工作必须明确的方向和主线，也是率先走向改革开放的广州必须明确的工作重点。改革开放40年来，广州始终坚持以经济建设为中心，实现了经济持续快速健康发展。然而，要真正坚持以经济建设为中心的发展，那是要以解放思想为前提的。因为要从“以阶级斗争为纲”转移到“以经济建设为中心”需要解放思想，要从计划经济走向市场经济、从政府主导到发挥市场在资源配置中的决定性作用更需要解放思想，所以在改革开放过程中，广州首先把开展敢为人先的思想解放作为行动的先导，通过以解放思想为核心的文化建设为经济体制改革的不断深入提供先行先试的观念引领、思想准备和心理基础。改革开放40年来，广州经济建设一直领跑全国、保持持续快速健康发展的良好态势，既是广州人思想解放、敢闯敢干的结果，也是广州通过文化建设助推求真务实、开拓创新的结果，其中每一项改革措施的出台都包含着思想解放的不断深入和开展文化建设所提供的理性支持。

（二）文化建设推动社会发展

马克思主义认为：社会发展是一个客观的自然历史过程，包含着不以人的意志为转移的必然趋势；但是，社会的主体是人，社会发展的过程又是人参与其中的发展过程。因为人的社会行为是有目的、有意识的自觉实践，这种目的性和自觉性必然会对社会发展的进程产生巨大影响。在城市发展过程中，文化建设对社会发展的重要功能是需要高度重视的，要充分认识和积极发挥文化建设对提升主体意识的重要作用。

1. “文化”概念的社会学解读

泰勒认为：“文化或文明，就其广义的人种学来说，是一个复杂的整体，它包括知识、信仰、艺术、道德、法律、习俗和人作为社会的一个成员所获得的能力与习惯的复杂整体。”[①]这一理解是对“文化”概念比较认可的一种解释。然而，关于“文化”概念的解释，学界还有许许多多的观点，可谓不胜枚举。应该说各种解释都是基于学术分析的理性思考，各有各的论说、各有各的侧重、各有各的道理。在文化社会学看来，“文化包括所有有学问的行为、知识、社会组织和语言、各种价值

---

① ［加拿大］D.保罗·谢弗著，许春山、朱邦俊译：《文化引导未来》，社会科学文献出版社2008年版，第26页。

体系——经济体系、道德或精神体系。特定文化的基础是它的法律、经济结构、巫术、宗教、艺术、知识和教育”[①]。按照社会学的解读，“文化”概念其实蕴含着社会文明进步的发展要求，即文化水平的高低是社会文明进步水平高低的重要衡量尺度。就是说，一个人的文明程度离不开其所具有的文化素养；同样，一个社会的文明程度也离不开其文化建设和发展所取得的成效。因此，对于一个城市的文明进步而言，文化建设和发展无疑具有非常重要的基础性作用。从学理上看，这是文化社会学研究得出的重要结论。

2. 文化是社会发展的重要动力

文化其实就是人们在社会生活中对主客体关系的理性认知和意义建构。因为在现实的社会生活当中，人们总是“不得不面临一大堆复杂而困难的问题”[②]，比如怎样看待和解释宇宙和世界，怎样确保生存，怎样应付所需的食物、栖身地、衣食住行和创造性的表达，怎样处理生育与养育，怎样组织社会团体和社区，怎样生产、分配和消费，怎样改善生活质量，怎样占用地理空间，怎样处理与其他物种和世界的总的关系，等等。每个人对这些问题的解答，都离不开文化认知所提供的理性指引。因为只有基于文化的意义建构，才能培育并形成预设和支配行为选择的价值理性，表现在参与具体社会活动的行为选择上文化价值理念成为人们作出理性判断的重要前提。可以说，文化对社会进步和发展的重要功能首先表现为对社会主体的行为影响上。一方面，它为主体行为的合理性提供理性判断和价值引领；另一方面，它渗透在社会生活的各个

---

①［加拿大］D.保罗·谢弗著，许春山、朱邦俊译：《文化引导未来》，社会科学文献出版社2008年版，第27页。

②［加拿大］D.保罗·谢弗著，许春山、朱邦俊译：《文化引导未来》，社会科学文献出版社2008年版，第51页。

方面和各个环节当中，为社会文明进步的有效性、实践性和时代性提供基于可以获得欲望满足的内生动力。这就是说，社会的文明进步是满足主体利益需要的途径和手段，所以主体的文化诉求成为推动经济社会不断发展最基础、最根本、最持久的精神力量。

3. 文化建设促进社会文明进步

改革开放40年来，基于文化建设的大力推动和思想道德建设的有力支撑，广州的城市文明建设可谓成绩斐然、效果显著。1992年邓小平南方谈话之后，广州确定了追赶“亚洲四小龙”的发展目标，强调不仅要在经济建设上赶上“亚洲四小龙”，而且还要在社会秩序、社会风气、精神文明方面超过它们。1996年，中共广州市委召开六届七次会议，审议并通过《中共广州市委关于贯彻十四届六中全会精神加强社会主义精神文明建设的决议》，对新形势下进一步加强精神文明建设作出了全面部署。从1999年开始，广州开展了声势浩大的、以实现城市环境面貌“一年一小变、三年一中变，2010年一大变”为主要目标的创建文明城市热潮。全国文明城市是经济建设、政治建设、文化建设、社会建设、生态文明建设和党的建设全面发展，市民文明素质、城市文明程度、城市文化品位、群众生活质量较高，崇德向善、文化厚重、和谐宜居的城市。2011年广州首次获得“全国文明城市”称号，至2017年共三次获此殊荣，表明广州“宜居宜业”的城市社会生活环境已经获得了前所未有的历史性巨变。2017年11月30日，广州召开精神文明建设工作会议暨文明委全会，强调各级党委和政府要提高政治站位，承担精神文明建设主体责任，进一步完善党委统一领导、党政齐抓共管、文明委组织协调、有关部门各负其责、全社会积极参与的领导体制和工作机制，推动形成共建共享精神文明的良好格局，推动精神文明建设上水平走前列，为推动国家重要中心城市建设全面上水平提供坚强思想保证和强大精神动力。

（三）文化建设引领城市发展

城市是人口规模化汇聚的生活空间，也是各种产业集中发展的工作空间。在城市发展过程中，机器化大工业带来的产业革命推动了近代以来的城市发展，许多新兴城市应运而生，形成了大规模的城市化运动。而新兴大城市的崛起和发展，又孕育并推动着新一轮产业革命的发端。在马克思主义看来，城市的发展是生产力发展和社会文明进步的必然结果，是人类告别野蛮走向文明的集中体现和重要标志。城市的建设和发展既维系着人们对美好生活的向往和追求，也带来人们实现自己美好愿望的机会和条件，其中也渗透着文化对城市建设和发展的形象塑造与品位提升。

1. “城市”概念的内涵和历史演进

在中国古代，“城”和“市”是两个不同的概念，有着不同的所指。所谓“城”，是指四周有高墙，扼守交通要道，具有防守功能的军事据点。如《管子·度地》所言：“内为之城，城外为之郭。”《墨子·七患》也说：“城者，所以自守也。”所谓“市”，是指可以进行货物或商品交换的场所，即集市或市场。如《周易·学辞》所言：“日中为市，致天下之事，聚天下之货，交易而退，各得其所。”随着经济社会的不断发展，“城”和“市”的功能渐渐统一，“城”和“市”也就被当作一个概念来理解。尤其是工业革命之后，城市以第二、第三产业的发展为主，整体经济实力大大超越了乡村，成为文明进步的重要标志。马克思、恩格斯曾经指出：“物质劳动和精神劳动的最大的一次分工，就是城市和乡村的分离。城乡之间的对立是随着野蛮向文明的过渡、部落制度向国家的过渡、地方局限性向民族的过渡而开始的。它贯穿着全部文明的历史并一直延续到现在。”[①]马克思、恩格斯认为：“城市本身表明了人口、生产工具、资本、享乐和需求的集中；而在乡村里所看到的却是完全相反的情况：孤立和分散。”[②]按照马克思主义的基本观点，城市是伴随生产力的进步、经济的繁荣和社会分工的发展而形成与发展的，城市发展的过程体现出人类文明进步的不断演进。

2. 城市的文化功能和人文精神

随着城市功能的不断增加和影响力的不断提升，对城市现象已经越来越难下定义。对于城市及其功能的认知，不同学科甚至存在大相径庭的看法。其实，城市既是人类文明的成果和标志，又是人们日常生活的家园。城市作为经济社会生活空间，需要有各种建筑设施在空间布局上形成结构和功能，但它绝不是各种建筑物简单搭建或堆砌起来的“积木”；城市的发展需要各种数据来说明其所达到的规模、状态和水平，但它绝不是各种统计资料所呈现的枯燥数字、表格和图形。人们生活、工作和居住的城市，是有内涵、有个性、有感情的精神家园，各种各样存留于时空中的生命热度、岁月痕迹、生活样式，像血脉一样流淌在城市的每个角落，在细微处表达出一个城市活生生的人文个性和内在品格。正如芒福德所说：“城市促进艺术，并且本身就是艺术；城市创造剧场，并且本身就是剧场。在城市，作为剧场的城市中，经由人性、事件、团体的冲突与合作，人有目的性的活动被设计和构想成为更重要的高潮部分。”[③]这意味着，城市产生和发展的意义在于给人们提供走进文明生活状态的平台和路径。而一个城市要达到这样的目的和发挥这样

---

①《马克思恩格斯全集》第三卷，人民出版社1956年版，第56～57页。

②《马克思恩格斯全集》第三卷，人民出版社1956年版，第57页。

③［美］刘易斯·芒福德著，宋俊岭、李翔宁、周鸣浩译：《城市文化》，中国建筑工业出版社2009年版，第507页。

的功能，其本身也需要建构自己所具有的文化品格和人文精神。所以，在城市发展过程中，不仅文化建设与经济建设、政治建设、社会建设和生态建设不可分割，而且文化功能的提升还要成为体现城市独特个性的人文基础。

3. 广州城市发展中的文化引领

在改革开放过程中，社会生活环境好不好、品质高不高是人民群众衡量和判断改革开放政策好不好的重要尺度，它关系到人民对改革开放满意不满意、赞成不赞成、答应不答应。为此，在改革开放过程中如何加强城市生活环境建设、提高社会生活品质，既是关系改革和发展全局的重大现实课题，也是关系社会主义事业兴衰成败的重大历史课题。广州得改革开放的风气之先，在改革开放的历史进程中对以思想文化引领城市建设和发展的品质提升高度重视，取得的成效也十分显著。比如，确立“城市让生活更美好”的发展理念，大力整治自然生态环境，提高城市生活品质。先后荣获联合国改善人居环境最佳范例（迪拜）奖、中国人居环境范例奖，以及国际花园城市、中国优秀旅游城市、国家环保模范城市、国家园林城市、国家卫生城市等荣誉称号。2016年12月，联合国发布的《2016年中国城市可持续发展报告》显示：在35个大中城市的人类发展指数排名中广州居首，并荣获中国可持续发展范例奖。如今的广州城市环境建设正迈向更干净、更整洁、更平安、更有序的新阶段，城市面貌的不断改善和提升，让市民的获得感、幸福感、自豪感越来越强。

二、从文化自信不断走向文化自觉

文化是一个国家、一个民族精神力量的源泉和魂魄所在。习近平总书记指出：“一个国家、一个民族的强盛，总是以文化兴盛为支撑的，中华民族伟大复兴需要以中华文化发展繁荣为条件。”[①]正所谓“文化兴则国运兴，文化强则民族强”。对于一个城市的振兴和发展而言，文化建设和发展所产生的凝聚力、影响力和竞争力也是不可忽视的。尤其在城市的综合竞争力测评中，文化因素和文化影响力越来越被广泛重视并成为非常重要的衡量尺度。在改革开放过程中，广州对文化建设重要性的认识逐步深化，不断从文化自信走向文化自觉，经历了从补足短板到现代化提升和功能完善的创新发展，凸显了实施文化强市战略之后的历史性进步。

（一）提出城市以文化论输赢

文化作为社会意识的表现形式，是人们对自己社会生活状况的能动反映，从古到今留存着丰富多彩的意象性人文景观和各种各样艺术化的智创成果。文化作为社会行为的意义表达，又是人们现实社会生活需要遵循的价值判断和理性共识，成为人们日常生活中不可或缺的重要内容。文化既是一个国家、一个民族繁荣兴盛的重要标志，也是一个城市、一个地区繁荣兴盛的重要标志。城市的建设和发展不仅需要有能体现其发展规模、实力和水平的物质设施，还需要有展示其精神风貌、道德风尚和文明水平的文化氛围。一个城市具有什么样的文化内涵和文化风格影响甚至决定着它的发展走向。

1. 城市的文化现象和内在本质

城市是什么？芒福德指出：“城市——诚如人们从历史上所观察到的那样——就是人类社会权力和历史文化所形成的一种最大限度的汇聚

---

①习近平：《认真贯彻党的十八届三中全会精神　汇聚起全面深化改革的强大正能量》，《人民日报》2013年11月29日。

体。”[①]他认为：在城市这种地方，人类社会生活散射出来的一条条互不相同的光束，以及它所焕发出的光彩，都会在这里汇集聚焦，最终凝聚成人类社会的效能和实际意义。在芒福德看来，城市就成为一种象征形式，象征着人类社会中种种关系的总和：它既是神圣精神世界——庙宇的所在，又是世俗物质世界——市场的所在；它既是法庭的所在，又是研求知识的科学团体的所在。城市不仅可以让人类文明的生成物不断增多、不断丰富，而且还促使人类经验不断化育出有生命含义的符号和象征，化育出人类的各种行为模式，化育出有序化的体制、制度。“城市这个环境可以集中彰显人类文明的全部重要含义；同样，城市这个环境，也让各民族各时期的时令庆典和仪节活动，绽放成为一幕幕栩栩如生的历史事件和戏剧性场面，映现出一个全新的而又有自主意识的人类社会。”[②]

芒福德的研究还认为：历史地看，人类文明经过自狩猎文化向农耕文化的过渡，人口增加，促成了乡村社会向城市社会的转变；贸易通道的拓展，以及职业种类的增多，也对城市的发展发挥了重要的促进作用。但是，仅仅从城市的经济基础层面是没有办法发现城市的本质的。“因为城市更主要的是一种社会意义上的新事物。城市的标志物是它那目的性很鲜明的、无比丰富的社会构造。城市体现了自然环境人化以及人文遗产自然化的最大限度的可能性；城市赋予前者（自然环境）以人文形态，而又以永恒的、集体形态使得后者（人文遗产）物化或者外化。”[③]

因此，城市的出现和城市的发展在本质上就是为了给人们带来更美

---

①［美］刘易斯·芒福德著，宋俊岭、李翔宁、周鸣浩译：《城市文化》，中国建筑工业出版社2009年版，导言第1页。

②［美］刘易斯·芒福德著，宋俊岭、李翔宁、周鸣浩译：《城市文化》，中国建筑工业出版社2009年版，导言第1页。

③［美］刘易斯·芒福德著，宋俊岭、李翔宁、周鸣浩译：《城市文化》，中国建筑工业出版社2009年版，导言第5页。

好的生活环境、更先进的生产方式和更多样的交往途径，为怀揣各种愿望来到城市生活的人们提供可以获得更有作为的发展空间和更为远大的发展前景。这是“城市，让生活更美好”的美好愿望变成现实的发展过程，也是海德格尔对“人，诗意的栖居”这样的梦想和追求变成现实的实现途径。对于人们就自我的存在和发展应当作出的理性选择而言，衡量一个城市有没有吸引力关键要看它能否给自己提供更多可以实现梦想的机会，让自己的工作和生活更加惬意、更有幸福感。

2. 城市发展需要凸显文化特色

文化作为城市的灵魂，体现着城市的精神状态，也决定着城市的人文品格。不同风格的城市蕴含不同的文化特色，不同的文化个性彰显不同的城市魅力。城市的文化内涵是一个城市在长期发展过程中由市民共同创造、反映其社会生活特色的文化沉淀、文化品格、文化精神和文化状态。在芒福德看来，“城市文化”（即“the culture of cities”）是一个多义词，包含着非常丰富的内容。一般而言，城市文化主要由物质文化和非物质文化两个方面构成。其中，物质文化由有形的器物构成，包括建筑、园林、广场、道路等，它是一个城市文化风貌最生动、最直观、最形象的呈现；非物质文化是指知识、信仰、道德、习俗、制度、法律，以及市民的理想信念、精神追求、社会心态等无形要素，它是城市文化的内涵和深层结构。

一个城市的文化形象虽然离不开其物质文化所展现的外在景观，但相对于外在形象而言，其内在的文化精神则更具有决定意义。按照芒福德的分析，可以得出一个重要的结论——文化是城市的生命。因为文化是城市和人类新生活之间的介质，不同质量的城市产生不同的文化，而不同的文化最终培育出不同素质的人品，所以城市是文明社会的“孕育所”，城市的文化运行不断产生出新的人类文明。在这一意义上说，城市的建设和发展必须要有自己独具特色的文化内涵和文化品格，才能成为人类文明发展的“孕育所”。

如果一个城市的文化出了问题，文明导向出了毛病，那么这个城市不断走向衰落就是不可避免的。所以，一个城市具有什么样的文化内涵和文明向度对于它的发展走向至关重要。城市文化的构成是城市社会生活的重要内容，它从人文品格的“培养基”上决定着一个城市在精神状态、人际关系、公共秩序、道德风尚、和谐氛围等方面所达到的文明程度。

3. 把城市文化建设摆到重要位置

众所周知，广州是国务院首批公布的国家历史文化名城，有着悠久的建城历史和丰富的文化资源，文化底蕴十分深厚。但是，在改革开放过程中，由于文化建设曾一度滞后于经济发展而受到种种诟病，比如有人评论广州是“说不清楚的城市”，更有人很不客气地把广州说成是“文化沙漠”。应该说，这些诟病和非议对于广州人来说确实很难接受，但是它却让广州人进一步认识到加强文化建设的重要性。既然存在“说不清楚论”“文化沙漠论”，那就说明广州作为历史文化名城所具有的丰富内涵和文化张力没有被充分挖掘和彰显。

从20世纪90年代中后期开始，尤其是进入21世纪之后，广州逐步认识到城市发展要以文化论输赢，不仅加大了对城市文化建设的财政投入，而且把文化建设项目纳入经济社会发展的总体布局，纳入城市建设和发展的总体规划。2001年8月2—3日，中共广州市委、广州市人民政府主办“广州市第六次文化发展战略研讨会”，与会专家学者对强化“城市以文化论输赢”[①]的理念给予充分肯定，并达成了广泛共识。此后，

①李伦初：《城市以文化论输赢——“广州市第六次文化发展战略研讨会”综述》，《人民日报》2001年8月11日。

广州对“加快城市文化建设，增强中心城市的综合竞争力，是促进城市现代化建设的迫切要求”的认识越来越清楚，“城市以文化论输赢”的理念也越来越转化为行动自觉。市委、市政府逐步把城市文化建设作为“塑造城市形象的系统工程”来抓，提出要“建设具有强大集聚力和辐射力的现代化文化中心”，强调要“加强和改善对文化工作的领导，充分发挥人民群众在城市文化建设中的主体作用，共同开创文化建设的新局面”①。

在城市建设和发展上，文化内容也被摆到了突出位置，传统与现代相互融合的城市文化形象和“山、城、田、海”的城市发展格局得到明显重视和强化。比如在广州城市新中轴线规划、设计、建设决策的过程中，为了改变广州是一个“说不清楚的城市”这一形象，市政府下决心收回火车东站已批出准备建设香格里拉饭店和商旅六区建设用地，设计建设一个7.98万平方米的绿化广场。建成之后大家称它为“大地毡”。“大地毡”与轴线东西两主干道外侧两组超高层现代建筑物，以及南北中信广场大厦和东站大楼围合出一个“城市客厅”，展示了“一个现代化都市的开放气魄和风采”②。

又比如在新城市中心区段，设计为由两侧四段八组建筑物围合出一个宝瓶状、面积约40公顷的绿色开敞广场，两侧建筑以两段弧形商业建筑实体深入中心绿地。城市设计改变了原控规小地块“楼看楼”模式的空间布局，重新布置8组建筑物，将原控规作为“珠江新城中心大门”靠近黄埔大道的两幢超高层建筑，移至花城大道南侧，黄埔大道南侧布置新城中心入口广场，入口广场在轴线两边各设一个休憩广场，使其与周

①林树森：《以先进文化引领城市文化建设》，《人民日报》2001年12月27日。
②林森森：《广州城市新中轴线》，《城市规划》2016年第6期。

边建筑形成整体性相互联系，保证广场使用的舒适性。“沿珠江往北、轴线中心两侧布置了博物馆、图书馆、歌剧院、少年宫四大文化建筑。”[①]这一文化地标与海心沙广场融为一体，成为现代广州最亮丽的文化景观，它向世界展示着广州这座千年商都充满激情与活力的绚丽风采。

（二）提升城市的文化软实力

一个城市、一个区域或一个国家的文化生活，在一定程度上反映了一个城市、一个区域或一个国家的社会面貌和文化素质。看一个城市是否有吸引力、是否有竞争力，最重要的是看它的文化资源、文化氛围、文化发展水平。在很大程度上，城市的发展就是以文化论输赢。所以，推动城市建设和发展要高度重视与之相适应的文化建设和发展，着力提高城市的文化品位，并以文化品位塑造城市形象，展示城市品牌。一句话，就是要着力提升城市的文化软实力，以文化优势促进城市综合竞争力的增强。

1. 软实力概念与现代城市竞争

“软实力”的概念，是由美国哈佛大学教授约瑟夫·奈提出来的。1990年，他分别在《政治学季刊》和《外交政策》杂志上发表《变化中的世界力量的本质》《软实力》等论文，并在此基础上出版《美国定能领导世界吗》（*Bound to Lead：The Changing Nature of American Power*）一书，对“软实力”问题作了系统的阐述和分析。约瑟夫·奈认为，一个国家的综合国力既包括由经济、科技、军事实力等表现出来的“硬实力”，也包括以文化和意识形态吸引力体现出来的“软实力”。“软实力”集中表现为文化影响力、意识形态影响力、制度安排上的影响力和

①林森森：《广州城市新中轴线》，《城市规划》2016年第6期。

外交事务中的影响力四个方面，而且这些影响力均要通过大众传媒体现出来。“硬实力”和“软实力”对于一个国家的发展来说都很重要，但是在信息时代“软实力”正变得比以往更为突出。“软实力”概念的重要意义在于提醒人们要注意现代国际竞争包含着一种极其重要而又容易被忽视的、无形的或“软”的因素和力量。

文化软实力是一个国家或地区（包括一个城市）“软实力”的核心因素。它是指一个国家或地区（包括一个城市）文化的影响力、凝聚力和感召力。在表现形态上，文化与经济、政治、科技、自然或其他具体对象不同，它是一种无形的、难以直接把握的东西；但在功能上，文化又总是内在于人的一切活动之中，影响、制约乃至左右人的行为方式，成为我们看待世界的方式和促使我们改变世界的动力。所以，文化软实力越来越成为一个国家、一个地区（包括一个城市）提升综合竞争力要考量的重要内容。

就现代城市的发展和全球化的竞争而言，文化和文化软实力不仅彰显着一个城市的内在品格、精神风貌和人文特性，而且还在思想理念、价值体系和创新活力等方面体现出一个城市的发展潜力、竞争优势。文化最基本的特征就是它的精神性和整体性，即“文化是历史上所创造的生存式样的系统，既包含显型式样又包含隐型式样；它具有为整个群体共享的倾向，或是在一定时期中为群体的特定部分所共享”①。如果说人都是文化的人，那么城市作为人类大规模集中生活和工作的居所，就不可能没有文化和人的文化精神。所以，任何城市都要在经济社会的发展过程中构建自己的文化形态，培育和凝聚自己的文化精神。现代城市作

---

①［美］克莱德·克鲁克洪等著，何维凌、高佳、何红译：《文化与个人》，浙江人民出版社1986年版，第6页。

为人类文明进步的重要标志，就更需要在文化内涵和文化形态上展示出自己的独特魅力。所以，“今天，世界上的每一个国家实际上都通过许多措施来促进文化，从通过立法来保护历史遗产到执行种种规划、计划和政策来引导文化发展和增加公民参与文化生活”[①]。

2. 文化软实力制约着广州发展

文化自信和文化坚守，对于一个民族的生存有着决定性意义。现代城市作为代表民族国家参与全球竞争的重要主体，其文化品格、文化形象和文化发展所表现出来的文化软实力，对于其竞争力的发挥至关重要。综观巴黎、伦敦、纽约、东京、悉尼、首尔、新加坡等现代国际城市，我们不难发现，它们具有有国际影响力的深厚文化底蕴。改革开放以来，特别是进入20世纪90年代以后，广州作为华南地区和珠江三角洲地区的中心城市，在坚持以经济建设为中心的同时也大力加强了城市文化建设，但是文化软实力不足的问题还十分突出。

其一，文化发展的目标定位和战略选择不够清晰，城市文化形象和文化生态建设都亟待整体提升。“环顾世界，不论是古典的或是现代的，发达的或是发展中的，内陆的或是海滨的，巨型的或是袖珍的，凡有品位的都市，都是由文化来烘托的。”[②]这就是说，世界上每一个有影响力的都市都要有自己的文化形象、文化风格和文化特色。广州自古就有“羊城”“穗城”“花城”等美称，但是改革开放以来却常常被认为是一个“说不清楚的城市”。为什么会有这样的尴尬？这就说明广州没有清晰的文化定位，对自己的文化品格还不能给出一个很好的“说

---

①［加拿大］D. 保罗·谢弗著，许春山、朱邦俊译：《文化引导未来》，社会科学文献出版社2008年版，第1～2页。

②《推进文化创新　建设文化名城——访广州市社会科学院院长李明华博士》，《中国城市经济》2003年第2期。

法”，或者说给出的某个说法没有得到广泛的社会认同。

其二，城市文化发展在场馆建设等基础性、物质性、有形性的文化载体上取得新进展，在文化品牌开发、文化产品生产等创造性、非物质性、无形性的文化建设还有明显不足。一个城市的文化建设当然一定要有它的物质载体，但是对于文化影响力来说，更重要的还在于它是否能够通过标志性的物质载体，营造出具有独特魅力的文化氛围，让文化精神通过文化产品充分表达出来，给人以思想的启迪、力量的鼓舞和心田的润泽。在改革开放过程中，广州的文化品牌和文化产品犹如“广州话”一样，曾一度在全国产生巨大影响，但广州在全国有重要影响的文化精品寥若晨星，在国际上有影响力的作品更是凤毛麟角，导致文化影响力与经济实力不相匹配，城市的文化价值也被严重低估。

其三，深化文化体制改革的步履艰难，推动文化发展的活力受到严重制约，文化发展滞后于经济的快速增长，未能适应现代化建设的需要。一方面，文化经营管理体制改革进展不大，文化单位的功能定位不清，既制约了公益性文化事业的发展，也制约了经营性文化产业的发展；另一方面，文化发展的法规建设不完善，调动全社会力量参与文化建设的投入机制、融资机制、激励机制不健全，文化生产力的总体水平不高；此外，高端人才集聚效应非常有限，各类文化艺术名家和名师相当缺乏，传承岭南文化精髓的一些专业艺术人才也出现断层，从事文化艺术工作的队伍在整体素质上很难适应文化大发展大繁荣的新要求。

3. 提升文化软实力的广州实践

在改革开放过程中，尤其是进入新世纪以来，随着广州经济社会快速发展和人民生活水平显著提升，精神文化需求越来越高，对城市文化建设不断提出新要求。而且，在不断参与对外交往的国际化进程中，广州也确实面临着城市文化形象的国际认同问题。如何树立广州的文化形象，彰显历史文化名城的城市风格，提升城市的文化影响力，自然而然就成为文化建设必须面对的突出问题。广州文化软实力的根基在哪里？提升的路径在哪里？应该达到的目标是什么？一时间成为广州学界广泛讨论的热点话题，也引起了市委、市政府前所未有的重视。可以说，进入新世纪之后，广州围绕如何提升城市文化软实力进行了城市文化建设上的新实践和新探索，并由此推动广州文化建设迈出新步伐。

首先，在目标设定上明确提出广州要“全面构建中心城市的现代化文化体系，不断增强城市文化中心的功能”。全面构建“中心城市的现代化文化体系”应当做到：“一是大力弘扬民族优秀传统文化，振奋民族精神，以构成现代化文化体系的‘底色’；二是体现时代特色，以现代精神对传统文化进行扬弃、改造和更新；三是既不妄自尊大、唯我独尊，也不妄自菲薄，以开放的气度和精神吸收和借鉴世界各国的优秀文明成果，建立起符合世界潮流又具有民族特色的现代化文化体系。”①

其次，在总体布局上以建设富有特色的历史文化名城为主题，以挖掘和整合历史文化资源、增强文化中心功能为主线，全面推进现代化城市的文化建设。强调广州的文化建设既要重视物质文化设施的打造，更应在培育城市文化精神上下功夫。要以继承和弘扬优秀岭南文化传统为基础，融广府文化的优秀特质与现代广州人精神品格为一体，塑造和提升具有广州特色的城市文化精神，让广州的文化形象具有更强的吸引力、影响力和带动力。

最后，在行动方案上着眼于城市文化空间的布局和建设，以建设完善的文化设施为突破口，全面实施城市文化形象提升工程。文化设施

①林树森：《以先进文化引领城市文化建设》，《人民日报》2001年12月27日。

反映着一个城市的经济文化水平，代表着一个城市的现代文明和建设成就，是城市整体形象的重要组成部分。广州要建设成为在国家乃至国际有影响力的文化中心，首先必须具备一大批资源丰富、独具特色、格调和谐、功能完善、美观实用的文化设施。所以，进入新世纪以来，广州加快建设了一批与现代化中心城市相适应的标志性文化设施，同时加强历史人文景观和传统建筑的保护与修缮，实现文化设施建设和完善的规模与集聚效应。在城市规划和建设上，广州充分保护和利用自然地理特色与历史人文资源，建设自然风貌与城市景观交融和谐的城市生态环境，营造了整洁、绿色、美丽、现代、文明、友好、祥和、活泼、有序的氛围，“使人们不仅能看到别具一格的、现代化的设施和建筑，更能深切地感受到人与自然的亲和力和历史人文的感染力”①。

（三）全面增强文化引领功能

在国际化背景下，城市要在竞争中凸显自己的比较优势，不能单纯依靠经济质量、经济增长速度，更要依靠城市环境和城市文化的塑造，依靠社会文明程度和市民整体素质的提高。城市文化的发达，市民文化素质的提高，最终将转化为巨大的创新能力，转化为物质形态的竞争力。这种由内而外的文化影响力是城市发展长盛不衰的关键所在。所以，文化是衡量城市综合竞争力的重要尺度和标志，增强城市的文化引领功能成为城市文化建设的重要任务。

1. 国家中心城市需要文化支撑

2005年，国家住房和城乡建设部组织编制《全国城镇体系规划（2006—2020年）》时，首次提出“国家中心城市”这一概念。这一概

①林树森：《以先进文化引领城市文化建设》，《人民日报》2001年12月27日。

念，改变了长期以来按直辖市、省会城市、地级市、县级市对城市作划分的分类习惯，把“国家中心城市”作为全国城镇体系中最高位置的城市。2010年2月，住房和城乡建设部发布《全国城镇体系规划纲要（2010—2020年）》，明确提出建设北京、天津、上海、广州、重庆五大国家中心城市。

尽管上述两个文件一直没有得到国务院批复，但建设国家中心城市成为广州城市发展的重要方向和目标选择。2016年2月，在国务院关于广州市城市总体规划的批复中，对广州的城市发展给出了明确的定位：“广州是广东省省会、国家历史文化名城、我国重要的中心城市、国际商贸中心和综合交通枢纽。”[①]这无疑是对广州未来城市发展方向和目标选择的充分肯定。

“国家中心城市”无疑是居于国家战略要津、体现国家意志、肩负国家使命、引领区域发展、跻身国际竞争领域、代表国家形象的大型都市。建设“国家中心城市”是推动城市现代化进程的必然要求，需要通过政治建设、经济建设、文化建设、社会建设、生态建设等各个方面的相互协调来强化功能配置。其中，提升文化引领功能是建设“国家中心城市”必须强化的重要功能之一。当今世界，文化软实力已经越来越成为凸显城市影响力与魅力的重要因素。如果说经济实力是衡量一个地区社会发展水平的基本指标，那么文化软实力的强弱则是衡量其持续发展能力强弱与文明程度高低的尺度。换言之，如果没有文化引领功能的显著提升，不能把作为国家中心城市所具有的文化地位和文化优势凸显出来，不能在对外文化交流中发挥强大的引领、辐射和集散功能，就不可

---

①《国务院关于广州市城市总体规划的批复》，http://www.gov.cn/zhengce/content/2016-02/19/content_5043501.htm。

能成为名副其实的“国家中心城市”。为此，通过文化大发展大繁荣来强化国家中心城市的文化引领功能，成为广州进一步推动城市文化建设的重要使命和担当。

这样的使命和担当，再次为广州在改革开放过程中不断重视文化建设、大力推动城市文化发展提供了强大精神动力。在加强城市文化建设上，得改革开放风气之先的广州人越来越明确：“重视文化建设，提高文化品位，以文化品位来塑造城市形象，展示城市品牌，以文化氛围来凝聚人心，推动城市发展，已成为我国城市建设和管理的一项重要内容。”[①]

2. 对标“全球城市”的定位发展

在全球化背景下，推进现代化城市发展进程必然要确立国际化的发展目标。或者说，在全球化背景下建设国家中心城市的目的，就是让已经具备条件、能够走向国际舞台、参与全球竞争的城市成为有影响力的国际化大都市。所以，建设国家中心城市必须参照或对标那些已经被公众认可的“国际大都市”或“全球城市”，以其所具有的城市功能来进行发展定位。

1915年，苏格兰城市规划师格迪斯（Patrick Geddes）提出了“世界城市”（World city）或“全球城市”（Global city）的概念。1966年，英国地理学家、规划师彼得·霍尔（Peter Hall）对这一概念作了进一步解释，认为“世界城市”专指对全世界城市或大多数国家发生全球性经济、政治、文化影响的国际一流大都市。英国社会学家弗里德曼（Friedman）在1986年率先描绘了“世界城市”的主要特征，提出了“世界城市假设”的七个命题。此后，萨森（Sassen）、诺克斯（Knox）和泰

①林树森：《以先进文化引领城市文化建设》，《人民日报》2001年12月27日。

勒（Taylor）等学者对“世界城市”“全球城市”都作了广泛的探讨。[①]

按照学者们的讨论，“世界城市”或“全球城市”一般应具有五大特征：（1）跨国公司和国际机构集中的所在地。（2）成为世界主要金融中心、贸易中心。（3）成为一个区域（如亚洲乃至亚太地区）圈内的交通信息枢纽。（4）成为“国际文化交流中心”。（5）集中体现城市所独有的人文文化、人文精神。[②]其中，成为“国际文化交流中心”，要求不仅要拥有国际水准的科技、文化、教育设施和研究机构以及相应的人才优势，而且要具有极强的文化吸纳能力，能把世界上最优秀的文化企业、文化机构、文化艺术品牌吸引和介绍进来，具有极强的辐射能力，能把属于原创力的文化影响辐射出去。在“人文文化”和“人文精神”方面，“世界城市”或“全球城市”必须具有全球意义的文化和产生“全球性”影响的都市精神；否则，尽管一个城市的金融、贸易、交通、信息已经很发达，可以算作是有“全球性”影响的都市，但它还不能成为真正的“全球城市”，“因为它缺乏成为全球都市的本质特征”[③]。

认识和把握“世界城市”或“全球城市”的基本特征和功能，对于我们建设“国家中心城市”很有参考价值。它给我们的重要启示就是要充分明确：参与“全球城市”竞争不能重经济轻文化，在努力成为国际经济中心、金融中心、贸易中心的同时，更要培育自己独特的人文文化和人文精神。世界上的国际大都市，无论是纽约、伦敦、巴黎、东京，还是洛杉矶、芝加哥、波士顿、莫斯科、悉尼、柏林、圣保罗、新加坡，它们都有作为国际文化大都市的不同神韵、不同神态、不同精神。所以，要在取向国际化的城市建设和发展中，高度重视城市人文精神的

---

①鲍宗豪：《国际大都市文化导论》，学林出版社2010年版，总序第7～8页。
②鲍宗豪：《国际大都市文化导论》，学林出版社2010年版，总序第9页。
③鲍宗豪：《国际大都市文化导论》，学林出版社2010年版，总序第10页。

培育，要把它作为“神”和“魂”融入城市文化建设的各个方面，让它引领国家中心城市的新发展。

3. 对文化引领功能的全面提升

2010年，广州成功举办第十六届亚运会和首届亚残运会，向世界充分展示了改革开放以来广州经济社会发展所取得的巨大成就，充分展示了广州作为国家中心城市所具有的责任与担当，充分展示了广州建设国际商贸中心和世界文化名城所具有的实力和基础。但是，无论是从国家中心城市相应的文化引领功能来看，还是从建设国际商贸中心和世界文化名城的文化要求来看，广州文化建设和发展的水平以及所具有的文化软实力都还有较大不足，增强文化凝聚力和引领力任重而道远。为此，广州并没有满足于成功举办亚运会和亚残运会所提升的城市文化形象，城市文化建设更没有止步于城市文化基础设施建设和城市文化环境建设所取得的成就，而是以此为基础全面开启了实施文化引领工程的新探索和新实践。

2011年10月15—18日，党的十七届六中全会召开，会议通过了《中共中央关于深化文化体制改革　推动社会主义文化大发展大繁荣若干重大问题的决定》（简称《决定》）。《决定》明确提出：“坚持中国特色社会主义文化发展道路，努力建设社会主义文化强国。”[①]强调：要“坚持社会主义先进文化前进方向，以科学发展为主题，以建设社会主义核心价值体系为根本任务，以满足人民精神文化需求为出发点和落脚点，以改革创新为动力，发展面向现代化、面向世界、面向未来的，民族的科学的大众的社会主义文化，培养高度的文化自觉和文化自信，提

①《中共中央关于深化文化体制改革　推动社会主义文化大发展大繁荣若干重大问题的决定》，《人民日报》2011年10月26日。

高全民族文明素质，增强国家文化软实力，弘扬中华文化，努力建设社会主义文化强国。”[①]《决定》为广州在新的历史起点上加强城市文化建设、提升城市文化引领功能进一步指明了发展方向，强化了行动自觉。

2012年，党的十八大胜利召开。党的十八大报告进一步把建设社会主义文化强国作为加强社会主义文化建设的方向和目标。强调“要深化文化体制改革，解放和发展文化生产力，发扬学术民主、艺术民主，为人民提供广阔文化舞台，让一切文化创造源泉充分涌流，开创全民族文化创造活力持续迸发、社会文化生活更加丰富多彩、人民基本文化权益得到更好保障、人民思想道德素质和科学文化素质全面提高、中华文化国际影响力不断增强的新局面”[②]。以党的十八大精神为指导，广州围绕城市文化功能的整体提升，着眼于正确处理好文化建设与经济建设、政治建设、社会建设、生态文明建设之间的关系，构建文化取向高质量发展的体制机制，营造文化大发展大繁荣的良好氛围，让全社会都高度重视文化的建设和发展，让文化对经济社会发展的引领功能不断提升。

三、培育世界文化名城的战略布局

广州有2200多年的建城历史，可谓是名副其实的“历史文化名城”。自古以来，广州一直是中国对外贸易、文化交流的重要窗口。即使在严格实行闭关锁国政策的清代，广州也是一个特许的对外通商口岸，当年的广州被称为“Canton”，在国外声名远播。在改革开放过程

---

①《中共中央关于深化文化体制改革　推动社会主义文化大发展大繁荣若干重大问题的决定》，《人民日报》2011年10月26日。

②胡锦涛：《坚定不移沿着中国特色社会主义道路前进　为全面建成小康社会而奋斗——在中国共产党第十八次全国代表大会上的报告》，《人民日报》2012年11月18日。

中，随着对外交往和交流的不断扩大，广州的影响力也不断扩大，尤其是成功举办了第十六届亚运会，广州向世界展示了自己作为“历史文化名城”的靓丽风采。然而，城市的文化建设只有进行时，没有完成时。广州为了能够更好地融入世界、更能代表国家向世界展示中华文化的强大影响力，就需要在文化形象上有一个总体的设计和培育。为此，广州制定并出台了《广州建设文化强市培育世界文化名城规划纲要（2011—2020年）》，对城市文化建设作出了新的战略布局。

（一）确立文化发展目标要求

2011年，中国共产党广州市第九届委员会第十次全体会议通过的《广州建设文化强市培育世界文化名城规划纲要（2011—2020年）》（简称《纲要》），对2011—2020年广州文化建设作出了明确设计、策划和要求。这是推动广州城市文化建设和发展的重要文件，确立了广州文化建设的战略目标、发展思路和总体安排，落实《纲要》对指导和加强广州新时期的城市文化建设具有重要意义。

《纲要》认为：今后10年，是广州加快转变经济发展方式、实现经济社会转型的关键时期，也是广州加快建设国家中心城市、推动国际大都市建设的重要阶段。站在新的历史起点上，面对日益激烈的国际国内文化竞争，面对人民群众日益增长的精神文化需求，面对文化与经济加速融合发展的新趋势，我们必须充分认识文化建设作为广州建设国家中心城市最有竞争力、最具活力、最能代表国家参与国际竞争与合作的特质，充分认识文化建设在增强城市发展动力与活力、推动城市发展模式转型、提高城市综合竞争力、促进人的全面发展中的重要作用，进一步增强紧迫感、责任感和使命感，把建设文化强市培育世界文化名城作为推进国家中心城市建设的重要内容、推动广州科学发展的重要目标，紧紧抓住文化发展良机，牢牢把握文化科学发展规律，不断加快文化强市建设步伐，扎扎实实向着世界文化名城的目标迈进。

《纲要》在目标设定上分为两个阶段：第一阶段（2011—2015年），要实现的基本目标是全市公益文化事业建设水平明显提高，现代文化产业体系更加健全，文化科学发展体制机制更加完善，把广州建设成为文化事业繁荣、文化产业兴旺、文化体制完善、文化设施先进、文化环境优良、城市文明程度高、区域文化中心地位稳固、在国内具有领先优势的文化强市；第二阶段（2016—2020年），要实现的基本目标是城市文化开放度、集聚度、知名度显著提升，文化软实力、创造力、传播力显著增强，把广州培育建设成为具有深厚历史内涵、浓郁地域特色、强烈时代特征、鲜明文化品格、高度创新精神、国际化程度较高的世界文化名城。

按照这样的目标设定，《纲要》提出了广州城市文化建设要完成的具体任务：

第一，建立和完善具有时代特征和实践特色的社会主义核心价值体系，全面提升全民思想道德文化素质和城市文明程度，培育现代城市人文精神，跨入全国文明城市行列；到2020年形成服务优质、覆盖全社会的公共文化服务体系，人民群众文化生活品质不断提高，把广州培育建设成为广东具有高度文化认同的“首善之区”。

第二，基本建成空间布局合理、区域特色鲜明、高端文化企业和文化品牌不断涌现、文化市场繁荣有序的现代文化产业体系。到2015年，文化及相关产业增加值占全市生产总值比重达到10%以上，到2020年占全市生产总值比重达到12%以上，文化产业成为广州的重要支柱产业和战略性新兴产业，把广州培育建设成为文化产业跨越发展的“创意之都”。

第三，岭南优秀传统文化得到充分发掘、保护和利用，国家历史文化名城品牌进一步擦亮，“千年商都”文化形象凸显，城市文化景观、城市文化符号更加鲜明，城市传播影响力日益扩大，对外文化交流合作日益活跃，把广州培育建设成为传统与现代相融汇、在国际上具有重要影响的“文化之城”。

第四，建立健全有利于吸引优秀文化人才来穗居住创业发展和优秀文化人才健康成长、脱颖而出的体制机制，要构建一支门类齐全、结构合理、梯次分明、素质优良的文化人才队伍，把广州培育建设成为尊重创造、鼓励创新、人才辈出、人尽其才的优秀文化人才“汇聚之地”。

（二）制定文化发展战略举措

1. 培育现代城市人文精神

《纲要》提出，要加强社会主义核心价值体系教育，大力培育以社会主义核心价值体系为灵魂、以岭南优秀历史文化传统为底蕴、以现代文明素质为特征的新时期广州人文精神，把社会主义核心价值体系教育贯穿国民教育全过程。扎实推进“爱国、守法、诚信、知礼”现代公民教育，加强社会公德、职业道德、家庭美德、个人品德以及未成年人思想道德建设，强化公民的国家意识、社会责任意识、民主法治意识等价值理念。强化基层思想政治工作和企业文化建设，切实加强对企业职工和外来务工人员的人文关怀，提升社会主义核心价值体系的辐射力和影响力。推进科普社区、绿色社区等主题创建活动和科教文体法律卫生“四进社区”活动，实施“科学大使行动计划”，广泛普及科学文化知识，大力提升公民科学文化素养，引导市民养成健康向上的生活方式。

2. 提升城市的文明程度

《纲要》提出，要加大创建全国文明城市工作力度，以全国文明城市测评体系为指引，建立健全精神文明创建工作体制机制，完善考评、督查、问责、奖罚“四位一体”工作体系，定期组织公共文明指数测评，推动创建工作常态化、规范化、精细化。继续以人民群众满意为最高准则，深入推进政务惠民、文化惠民、宜居惠民和平安惠民等“惠民工程”，将文明创建融入市民生活，调动全社会积极参与。持续推进文明城区、文明社区、文明村镇、文明单位、文明家庭、文明行业创建活动，评选公共文明示范区（点）、文明优秀服务示范窗口，夯实创建文明城市工作基础，提升城市文明程度。大力倡导社会志愿服务，围绕“奉献、友爱、互助、进步”的志愿服务精神，进一步健全机制、创新载体、壮大队伍，完善志愿服务政策和措施，持续推进社会志愿服务活动，逐步形成一支规模稳定、结构合理、素质优良、充满活力的社会志愿服务队伍，让市民在参与志愿服务中提升自身社会价值和文明素质。

3. 擦亮历史文化名城品牌

《纲要》提出，要加强历史文化名城的规划、保护，加强重点文物保护。加大对革命史迹、名人遗迹、考古遗址、宗教文物、工业遗产、华侨文物和涉台文物以及古村落、古民居的保护力度。对全国重点文物保护单位南汉康陵①进行抢救性保护，建设“文物保护与考古科研基地”。做好万木草堂、西湖社学旧址、平和大押、十三行、十香园遗迹、中华全国总工会旧址、共青团一大旧址等项目的保护和维修工作。积极推进广州“海上丝绸之路”“南越国遗迹”等项目申报世界文化遗产。建立“一城（历史城区）、二带（城市传统轴线和珠江两岸景观带）、多区（多片历史文化街区）”的保护框架，加强对历史城区内的古城轮廓、建筑高度、传统轴线、特色街道、骑楼街、道路系统、水系

①南汉康陵是全国首次发现的五代十国时期的陵园建筑，被评为“2004年度·全国十大考古新发现”，2006年公布为第六批全国重点文物保护单位。

空间格局等保护控制。加强历史文化名镇、历史文化名村和历史文化街区的保护。加强非物质文化遗产保护，完善各级非物质文化遗产保护基础设施，建设全市非物质文化遗产展示中心，设立一批专题性非物质文化遗产馆或传习所，建立有效的传承机制，对濒危非遗项目进行抢救性保护。深入挖掘岭南文化、乡土文化精华，融入群众文化和专业文化创作，丰富文化活动的传统内涵和本土气息。传承和弘扬中医药文化。发挥市场化和高科技手段的作用，改造提升“三雕一彩一绣”等传统工艺制作，积极开发利用历史文化资源，推动传统文化品牌产业化、市场化、国际化。

4. 凸显“千年商都”文化特色

《纲要》提出，要深入挖掘广州作为古代“海上丝绸之路”发祥地、中国最早对外贸易的通商口岸、“中国第一展——广交会”所在地、近现代重要工商业城市、当今我国外向型经济发达沿海城市等商贸历史，凸显“商贸”作为最能体现广州国家中心城市个性、定位、特性的特质。深化“千年商都”商业文化研究，挖掘、丰富、发展兼收并蓄、博采众长的开放精神，诚信为本、以义取利的商业精神，仗义疏财、博施济众的关爱精神，团结协作、同舟共济的团队精神，敢为人先、奋发有为的创新精神，为加快建设国际商贸中心提供不竭精神动力。同时，加大对“千年商都”文化资源的保护力度，以黄埔古港、南海神庙、波罗诞、镇海楼和十三行为核心，打造以对外贸易为特征的“千年商都”文化，塑造广州别具一格的商业文化景观；保护利用遍布城区的特色商业街区、老字号、商业市场，使之成为广州与众不同的“文化资本”；在城市建设和改造中规划保留具有岭南风情人文景观的传统商业带，在老城区规划建设中，对需要搬迁的著名商业老字号，按保护历史文化名城要求进行原址安置、保护。

5. 塑造现代城市文化形象

《纲要》提出，要全面梳理广州三大城市轴线（古代中轴线、近代传统中轴线和广州新城市中轴线）的资源特征、文化价值和功能意义，采取“由外而内”的方法规划建设城市，整合五羊雕像、镇海楼、琶洲塔、广州塔、花城广场、城市原点标志等传统和现代标志性建筑，构建传统内涵与现代精神相结合、本土特色与国际气魄相统一的多层次城市文化景观体系。开展城市整体风貌设计，划分特色风貌区，精心设计城市雕塑、公共艺术装置、“城市家具”、夜景照明等，打造城市公共视觉艺术系统，挖掘和表现城市文化内涵，提升城市魅力。围绕“千年羊城、南国明珠”的城市形象定位，建立具有标志性文化意义和精神特质的城市文化符号系统。探索市场化运作路子，加强城市系列外宣品的制作和投放，培育城市文化形象代言人，吸引文化大师创作以广州为主题或背景的作品，提高广州城市形象的文化渗透力和知名度。争取举办各种国际性、全国性高层次的文化艺术、会展活动和重大国际体育比赛项目，培育具有重大国际影响的文化体育节庆或会展品牌，设立以广州命名的具有重大国际影响的文化奖项，聚集世界目光、打造城市文化名片。

6. 提升公共文化服务效能

《纲要》提出，要创新公共文化服务形式，引进社会力量参与公益性文化场馆的管理，研究制定图书馆、博物馆、文化馆（站）、剧院等公共文化设施的管理办法、服务质量标准和绩效考评机制，提升公共文化设施管理的专业性、科学性和有效性。加强公共文化资源建设，进一步拓展公共文化服务领域，增强公共文化产品和服务供给能力。采取政府购买、项目补贴、委托生产等形式，鼓励和支持文化企业生产质优价廉的公共文化产品。加强公共文化服务队伍建设，健全公共文化机构设置，落实公共文化事业单位尤其是农村基层综合文化站的人员编制，吸引各类优秀人才进入公共文化服务领域。全面实施文艺精品战略，发挥广州市促进文化艺术发展繁荣基金会的作用，加大对重大题材、重点作品的投入力度，推出一批体现时代主旋律、在国内外有重大影响的文艺精品佳作。以深化文化体制改革为契机，激发文艺创作活力，推动文艺创作的内容与形式创新，赋予岭南传统文化以新的时代内涵，丰富文学艺术风格和流派。运用高新科技手段，促进文化与现代科技融合，催生新的文艺品种，培育新的文化业态，为文艺的繁荣和发展注入不竭的动力。

7. 促进文化产业跨越发展

《纲要》提出，要构建现代文化产业体系。做大做强传统优势行业，以图书、报纸、广播电视、期刊、印刷、发行、电子音像等为重点，推动规模化、集团化和品牌化经营，将新闻出版发行业打造成内容产业的龙头和文化产业重要增长点。做优文化会展业，创新展会举办形式，完善会展服务体系，以“展、会、节”联动推动会展产业一体化。做强广告业，推动广告业规模化、品牌化、国际化发展。提升文化设备制造业，加大研发力度，增加科技含量，逐步建成辐射全球的文化用品和设备制造中心。扶持演艺业，发挥演艺企业的体制优势，迅速提升市场竞争力，鼓励社会资本进入演艺娱乐行业，大力开发国内外演艺市场。同时，培育拓展新兴产业，重点发展创意设计产业，鼓励汽车设计、建筑设计、模具设计、玩具设计、皮具设计、珠宝设计和包装设计等文化创意活动，推动实现“广州制造”向“广州创造”转变。遵循产业发展规律，积极优化文化产业布局，突出文化产业基地和园区建设。积极培养文化市场主体，支持广州传媒控股有限公司、广州广电传媒集团有限公司等大型文化企业实现跨境、跨区域、跨行业和多元化经营，打造若干个“百亿”传媒产业集团，促进中小文化企业发展，形成大中小企业并进、多种经济成分共同发展的格局。大力培育文化消费市场，完善现代文化市场体系，打造文化产业交易平台，健全文化产业公共服务平台，建设广州文化创意中心，打造华南地区文化产业展示和交流中心。

8. 推进对外文化交流合作

《纲要》提出，要发挥广州作为区域文化交流中心的聚集和引领功能。以广佛同城化为示范，推动广州与珠江三角洲、泛珠江三角洲地区兄弟城市的文化经贸整合、交融与互动。发挥毗邻港澳的地缘优势，加强广州与港澳台的文化经贸交流合作，促进优势互补，推动区域文化经贸一体化。加强广州文化与世界文化的交流合作，依托广州大剧院等高端演出场馆，鼓励多渠道引进世界各地优秀剧目；依托广州会展中心和各类展览场馆、博物馆、美术馆，引进优秀文化文物展览会进行交流展示；依托白云国际会议中心、从都国际会议中心等会议设施和配套条件优势，吸引国际机构、组织和大型企业总部在广州举办国际会议以及各类国际活动；依托国际友城网络资源，加大城市文化经贸交流力度，积极开展文化周和各类互访活动；依托各大文化产业园区，引导外资企业在广州设立文化产业区域总部、营运中心、研发中心、核心产品制造中心，加大文化、设计、咨询等重点行业对外招商和项目合作力度。积极支持广州文艺院团开拓海外商业演出市场，推进影视节目海外推广工程，拓展东南亚、南美洲、非洲、中东等地区的新兴市场，鼓励有条件的文化企业“走出去”建立生产基地、营销中心、研发机构和经贸合作区，在更大范围内优化配置资源。加强宣传、经贸、外事、文化、体育、旅游等部门之间的沟通与合作，整合、开发各种渠道资源，积极推动广州文化与世界文化的相互交融发展，实现合作共赢。

（三）强化文化发展保障措施

1. 强化组织领导

《纲要》提出，要建立健全党委统一领导、党委宣传部门组织协调、行政主管部门具体实施、有关部门各负其责、社会力量和人民群众积极参与的文化建设领导体制和工作机制，形成齐抓共管、各方参与的文化发展新格局。成立广州建设文化强市培育世界文化名城领导小组，建立联席会议制度，加强对建设文化强市培育世界文化名城工作的领导、组织和协调。各级党委、政府要把文化建设摆在更加突出的位置，列入重要议事日程，纳入经济社会发展的总体规划，实行党政“一把手”工程，进一步加强对文化建设的宏观研究和指导。各级宣传文化部门要进一步增强责任感、使命感，实行工作目标责任考核制度，形成干事创业的浓厚氛围。各有关职能部门要积极支持文化建设，各级党校要将文化建设的内容纳入党政领导干部培训的重要课程，各级人大、政协要加强对文化建设工作的督促检查。广大文化工作者要不断开拓创新，发挥文化建设主力军作用。要加大宣传力度，调动广大人民群众参与文化建设的积极性，利用境内外各研究机构、文化团体资源，整合驻穗文化力量，共同推进广州文化建设。鼓励社会力量积极参与公益性文化建设，鼓励支持非公有资本进入政策许可的文化产业领域。各区（县级市）要成立相应的领导和工作机构，对未来十年文化发展作出规划，形成上下联动的文化建设领导机制。

2. 创新体制机制

《纲要》提出，要改革文化管理体制，按照政企分开、政资分开、政事分开、管办分开、政府与市场中介组织分开的要求，建立党委领导、政府管理、行业自律、企事业单位依法运营的文化管理架构。加快行政审批制度改革，进一步简化创办文化企业、举办文化活动、开展文化对外合作交流等方面的文化行政审批事项。建立健全国有经营性文化资产运行和管理机制，加强监督管理和宏观调控，实现管人、管事、管资产相统一，确保国有文化资产保值增值，确保党对意识形态领域的领导和文化安全。明确文化产业管理主体，规范文化企业园区认定、政策出台、人才培养、创新奖励等管理。建立健全文化产业统计制度，市统计部门每季度定期发布文化产业统计数据和报告。健全文化市场监督管理体系，建立文化企业信用档案和文化市场信用制度。完善文化市场综合执法机制，构筑完善的知识产权保护体系，严厉打击侵权、盗版等非法行为。要创新文化单位运行机制，继续深化公益性文化事业单位内部人事、分配和社会保障制度改革，全面推行岗位管理和人员聘用制度，建立绩效目标考核，事业拨款由“养人”向保障项目和发展转变，引入用人竞争机制，激发内在活力。要巩固和发展全市经营性文化事业单位和文艺院团转企改制成果，推进转制企业建立健全现代企业制度，完善公司法人治理结构，努力成为自主经营、自负盈亏、自我发展的合格文化市场主体。加快国有文化企业产权制度改革，引进战略投资者，实行股份制改造，实现投资主体多元化。

3. 加大财政投入

《纲要》提出，要建立健全建设文化强市培育世界文化名城的财政保障机制。确保各级文化事业费不低于当地财政总支出的1%，确保各级财政对文化建设的投入增幅不低于同级财政经常性收入的增幅。按照中央和省有关政策标准，确保公共文化设施和公共文化服务体系建设足额投入，社区公共文化设施建设要落实从城市住房开发投资中提取1%的规定，农村行政村公共文化基础设施建设由市、区（县级市）两级财政按比例分担。落实省关于市要设立农村文化建设专项资金的要求，确保农村重点文化建设资金需求。每年从市宣传文化发展专项资金和文化同步增长资金中安排文化产业发展专项资金，采取贷款贴息、项目补贴、培训补贴、后期奖励等多种形式，对包括创意产业在内的市属文化类产业给予资金支持。加强对市文化产业发展专项资金、市软件和动漫产业发展专项资金、市现代服务业发展引导专项资金的统筹协调，明确各自扶持重点领域，力争各项财政资金使用效益最大化。各区（县级市）应参照市的做法，设立文化产业发展专项资金。

4. 加强金融支持

《纲要》提出，要加大金融对文化产业发展的支持力度。鼓励金融机构开发适合文化产业特点的信贷产品，探索适应文化产业项目的多种贷款模式，综合利用多种金融业务和金融产品，为文化企业提供从初创期到成熟期各发展阶段的综合金融服务。支持文化企业利用资本市场加快发展，鼓励已上市的文化企业通过公开增发、定向增发等方式进行并购和重组，做大做强。支持符合条件的文化企业通过发行企业债、公司债和集合债等方式融资。鼓励风险投资基金、创业投资基金、私募股权基金投资文化企业，探讨设立文化产业投资基金。加快培育和完善文化产业保险市场，积极开展适合文化企业需要的保险产品，提高保险在文化产业中的覆盖面和渗透度，有效分散文化产业的项目运作风险。研究设立文化产业担保资金，支持担保机构为广州文化企业的融资提供担保，鼓励金融机构开展文化企业知识产权质押业务试点。

5. 完善政策法规

《纲要》提出，要贯彻落实《国务院办公厅关于印发文化体制改革中经营性文化事业单位转制为企业和支持文化企业发展两个规定的通知》和《广东省建设文化强省规划纲要（2011—2020年）》有关文化经济政策，促进文化建设规划与城市总体规划、城市土地利用总体规划的对接，研究制定支持文化建设的配套政策。加快地方性文化立法进程，修订完善现有的关于文化建设的地方性法规、政府规章和规范性文件。做好文化产业知识产权的立法工作，制定有利于文化产业管理、运用和创造的配套制度和政策，支持建立和完善知识产权公共信息平台，建立软件、文化创意作品的版权登记制度，做好文化产业园区重点企业和重点产品类别的知识产权管理指导工作。加快制定和完善历史文化遗产保护开发指引和配套制度，做好《广州市文物保护管理规定》的修订工作，研究制定《广州市非物质文化遗产保护办法》《广州市优秀历史建筑和历史风貌区保护办法》。加强文化法制宣传，加大监督力度，加强各有关部门的联合执法，严厉打击侵犯、破坏文化建设行为。

第三章

文化理念与人文精神

在改革开放过程中，广州高扬改革的旗帜，始终走在全国前列，创造性地贯彻落实党的十一届三中全会以来党的路线、方针、政策，发挥着排头兵和领头羊的重要作用。40年来，广州的经济持续快速健康发展，城市综合竞争力、城市功能布局、城市生活环境、人民生活水平等方面都发生了根本性的改变和提升。这其中既体现出广州把改革开放政策用足、用够、用活的创新本领，也体现出广州具有支撑创新实践的文化理念和人文精神。回顾并总结改革开放40年来广州文化建设和发展经验，需要对这样的文化理念和人文精神如何发挥作用、形成优势进行深入的分析和研究。

一、培育社会主义核心价值体系

时代是思想之母，实践是理论之源。中国特色社会主义是改革开放以来党的全部理论和实践的主题，中国特色社会主义道路是实现社会主义现代化、创造人民美好生活的必由之路。中国特色社会主义理论体系是在改革开放的实践中产生并不断发展和完善的，而改革开放的进程也是推进新时代中国特色社会主义道路不断前进的过程。改革开放40年来，广州高度重视文化建设，大力培育以社会主义核心价值体系为灵魂、以岭南优秀历史文化传统为底蕴、以现代文明素质为特征的新时期广州人文精神，把社会主义核心价值体系教育贯穿国民教育全过程，推动国家重要中心城市建设迈上新水平，城市国际影响力、竞争力、吸引力明显提升，城市的文明程度不断提高，群众的安全感、幸福感、获得感持续增强。

（一）积极探索文化发展道路

文化建设，历来都至关重要，不可或缺。深刻认识推进文化改革发展的重要性和紧迫性，充分发挥先进文化引领前进方向、凝聚奋斗力量、推动事业发展的作用，是我们党的一条宝贵经验和一大政治优势。在革命、建设、改革各个历史时期，我们党都结合时代条件、围绕党的中心任务，提出文化纲领、文化目标、文化政策，坚持不懈推进文化建设，有力推动了党和人民的事业发展。“经过改革开放以来的不懈努力，我们走出了中国特色社会主义文化发展道路，显著提高了全民族思想道德素质和科学文化素质、促进了人的全面发展，显著增强了国家文化软实力，为坚持和发展中国特色社会主义提供了强大精神力量，为进一步兴起社会主义文化建设新高潮奠定了坚实基础、积累了宝贵经验。”①

改革开放以来，我们社会主义文化建设主要围绕对什么是社会主义、怎样建设社会主义以及建设什么样的社会主义的认识这一重要主题来展开。这既是对人类社会发展规律、社会主义建设规律和共产党执政规律的重要探索，也是我们党在价值层面不断深化对中国特色社会主义的理性认识、推进马克思主义中国化的具体实践。广州在坚持中国特色

---

①胡锦涛：《坚定不移走中国特色社会主义文化发展道路　努力建设社会主义文化强国》（2011年10月18日），人民网：http://theory.people.com.cn/GB/16778989.html。

社会主义发展道路的实践中先行一步，对改革开放以来马克思主义中国化的发展起到了重要的推动作用，在“摸着石头过河”的探索中积累了弥足珍贵的经验。

改革开放之初，广州率先探索取向市场经济的改革，最早将流通领域作为改革的突破口，放开农副产品价格，建立了众多的农副产品市场，促进农副产品的流通；此后逐步放开商品价格，制定了一系列搞活流通的政策，促进商业市场的发展。1979年，广州就开始了扩大企业自主权的试点，组建企业集团，吸纳社会建设资金，实现投资主体多元化；同时还利用多种社会资金在全国首创“集资建设、有偿使用”的投资体制，建桥修路，实行过桥过路收费，以路桥费养路还贷，有效解决了当时国家基础建设资金不足的问题。广州的实践回答了一个重要的问题：计划和市场都是经济手段。用邓小平的话说：“计划多一点还是市场多一点，不是社会主义和资本主义的本质区别。”[①]在全国上下还在抽象谈论改革开放到底姓“资”还是姓“社”等问题时，广州已经通过港澳这两个窗口迅速捕捉到海外发展的新信息，开创了思想解放和实践中国特色社会主义理论的先河。正因为广州具有开拓创新的城市精神和敢为人先的文化品格，以率先开启的创新实践成功回答了建设有中国特色社会主义在实践中迫切需要解决的一系列重大问题，为邓小平理论的形成提供了实践经验。

邓小平同志南方谈话以后，党的十四大确立了社会主义市场经济体制的改革目标，改革开放和现代化建设进入了新的阶段。在社会主义条件下发展市场经济，是前无古人的伟大创举，体现了中国共产党坚持理论创新、与时俱进的巨大勇气，但同时随着社会主义市场经济体制的建

①《邓小平文选》第三卷，人民出版社1993年版，第373页。

立和发展，我们党的历史方位和自身建设发生了巨大的变化。“从领导人民为夺取全国政权而奋斗的党，成为领导人民掌握全国政权并长期执政的党；已经从受到外部封锁和实行计划经济条件下领导国家建设的党，成为对外开放和发展社会主义市场经济条件下领导国家建设的党。”[①]在这样的背景下，建设什么样的党以及怎样建设党的问题不仅影响到党的执政能力和执政水平，更会影响到中国特色社会主义事业的健康发展。为了解决这个问题，江泽民同志多次深入广东和广州考察和调研。

而这个阶段的广州，呈现出改革创新的经济发展景象，同时人们生活水平显著提高，基层党组织的战斗力和党员干部的模范带头作用凸显，广州的文化建设也迅速发展。1992年，“中国城市综合实力50强”在北京揭晓，广州市首次跻身三强，位列上海、北京之后。同年，广州电视台制作的《外来妹》，在国家级政府奖第十二届全国优秀电视剧“飞天奖”颁奖大会上获长篇电视剧一等奖。1994年3月，中共广州市委抽调各级机关干部1480人（其中市直机关干部200人）组成工作队，分别进驻到4个县级市、5个区（白云、芳村、黄埔、天河、海珠）、市农业局、市林业局所辖的245条村，协助农村开展基层建设工作；同年11月1日，广州首次评出十佳外来青工，他们获得了广州市户口，免收城市增容费；等等。广州发展的实践，对我们党提出“三个代表”重要思想起到了重要的实践支撑作用。江泽民同志深刻指出：“这些经验，联系党成立以来的历史经验，归结起来就是，我们党必须始终代表中国先进生产力的发展要求，代表中国先进文化的前进方向，代表中国最广大人民的根本利益。这是坚持和发展社会主义的必然要求，是我们党艰辛探索

①《江泽民文选》第三卷，人民出版社2006年版，第282页。

和伟大实践的必然结论。”[①]

在进一步推进完善社会主义市场经济体制的实践中，广州依然率先思考中国经济社会如何进一步发展的问题——要实现什么样的发展以及怎样发展的问题，思考城市需要什么样的功能定位才能更好地满足和适应市民的物质文化需求和精神生活需求。经过20多年改革开放之后的广州，经济社会发展虽然取得了很大进步，但同时也积累了一些阻碍改革进一步深入发展的问题。如何通过解放思想创新发展模式，突破科学发展难题，事实上已经成为广州改革发展面临的突出问题。2003年4月，也就是“非典”疫情爆发时期，胡锦涛同志来到广州视察，首次提出了“科学发展观”，为解决社会建设和经济建设不平衡问题指明了方向。广州自觉以科学发展观统领经济社会发展全局，围绕建设现代化大都市、构建和谐社会的目标，积极实施“富民强市”战略，大力推进产业升级和经济发展方式转型，使经济社会发展逐步步入了科学发展的轨道。这其中，抓好文化建设是实现科学发展的重要内容和实践要求。

2006年11月，《中共广州市委关于贯彻〈中共中央关于构建社会主义和谐社会若干重大问题的决定〉的实施意见》正式公布实施，把文化建设纳入一系列民生工程、城市环保建设工程、服务型政府建设工程当中。2007年，中共广州市委、广州市人民政府出台了《关于切实解决涉及人民群众切身利益若干问题的决定》，即“广州惠民66条”，充分体现了“以人民为中心”的发展理念，文化民生受到高度重视。同年，广州荣获“国家环境保护模范城市”“国家园林城市”“国家卫生城市”等一系列称号，“城市发展为了人民”的科学发展理念已然形成。这其中包括了思想理念的相应提升，是文化建设在城市建设和发展中的外显和表征。

①《江泽民文选》第三卷，人民出版社2006年版，第292页。

党的十八大以来，习近平总书记仍然高度肯定和重视广东在中国改革开放和社会主义现代化建设大局中的重要地位和作用。2012年12月，党的十八大召开后，习近平总书记的首站考察地点就是广东，并于12月9日在广州主持召开经济工作座谈会。从广东开始，习近平总书记向全党全国发出“改革不停顿，开放不止步”的动员令，中国的改革探路步伐愈发有力。“走在前列”成为党的十八大以来与广东密不可分的重要符号。从2012年12月，习近平总书记要求广东继续发挥“窗口作用、试验作用、排头兵作用”，到2014年3月对广东团提出“腾笼换鸟、凤凰涅槃”，要求广东“要在全面深化改革中走在前列”，并于当年作出“新常态”的重要判断，再到2017年4月习近平总书记对广东工作作出重要批示，要求广东在新的起点上再创新局，希望广东坚持党的领导、坚持中国特色社会主义、坚持新发展理念、坚持改革开放，为全国推进供给侧结构性改革、实施创新驱动发展战略、构建开放型经济新体制提供支撑，努力在全面建成小康社会、加快建设社会主义现代化新征程上走在前列。这些都成为广东改革发展进程中具有里程碑意义的大事。

2018年3月7日，习近平总书记在参加十三届全国人大一次会议广东代表团审议时，又指出：“广东是改革开放的排头兵、先行地、实验区，在我国改革开放和社会主义现代化建设大局中具有十分重要的地位和作用。”他要求广东要进一步解放思想、改革创新，真抓实干、奋发进取，以新的更大作为开创广东工作新局面，“在构建推动经济高质量发展体制机制、建设现代化经济体系、形成全面开放新格局、营造共建共治共享社会治理格局上走在全国前列”[①]。广州作为综合改革试验区，

①《习近平参加广东代表团审议时强调——发展是第一要务、人才是第一资源、创新是第一动力》，《新华每日电讯》2018年3月8日。

要从全面深化改革中寻求新动能，在深化体制机制改革和供给侧结构性改革中继续走在前列，为全国提供重要支撑；要以创新的体制机制和更加显著的改革绩效，更好发挥国家中心城市和国际枢纽型网络城市的作用。改革的新动能，就是继续弘扬敢为人先的改革精神，继续深化改革、扩大开放，以强烈的担当精神、责任意识和实干作风，为把广州建设成为向世界展示践行习近平新时代中国特色社会主义思想的重要窗口和示范区而努力奋斗，推动习近平新时代中国特色社会主义思想在广州落地生根、结出丰硕成果。

广州的发展，见证了中国共产党在改革开放40年历程中，不断进行中国特色社会主义道路的实践探索。正是在中国特色社会主义道路的探索中，孕育出不断激励全党全国各族人民团结一心、奋勇前进的强大精神力量——中国特色社会主义文化。只有坚持走社会主义文化发展道路，加强中国特色社会主义文化建设，才能为全国各族人民提供一整套观察世界、判断事物的基本标准，形成全社会的“最大公约数”，引领整合多样化的社会思想意识，建立最广泛而深刻的思想认同和价值认同，激发广大人民群众投身改革开放事业的积极性、主动性、创造性，对促进经济持续健康发展和社会和谐稳定、实现中华民族伟大复兴发挥重要的引领、保证和支撑作用。

（二）确立文化为民基本理念

马克思主义唯物史观强调：“人们的观念、观点和概念，一句话，人们的意识，随着人们的生活条件、人们的社会关系、人们的社会存在的改变而改变。”[①]改革开放以来，随着对中国社会主义发展道路的探

①《马克思恩格斯文集》第二卷，人民出版社2009版，第50～51页。

素，形成了不同发展阶段的对社会主义文化价值的认知和演变。可以鲜明地感受到，随着中国特色社会主义道路的探索，文化的地位和作用越来越受重视，文化为民的价值选择越来越突出。特别是党的十六大以后，中国特色社会主义进入了全面建设小康社会的历史时期，更加突出“以人为本”和“以人民为中心”的发展理念。党的十六届六中全会在《中共中央关于构建社会主义和谐社会若干重大问题的决定》中明确提出：“建设和谐文化，是构建社会主义和谐社会的重要任务。社会主义核心价值体系是建设和谐文化的根本。”党的十七大进一步强调加强文化建设，提高国家文化软实力，要保障人民基本文化权益，让人民共享文化发展成果。党的十七届六中全会通过的《中共中央关于深化文化体制改革推动社会主义文化大发展大繁荣若干重大问题的决定》深刻指出，社会主义核心价值体系是兴国之魂，是社会主义先进文化的精髓，决定着中国特色社会主义发展方向。要坚持用核心价值体系引领社会思潮，在全党全社会形成统一指导思想、共同理想信念、强大精神力量和基本道德规范。党的十八大报告更进一步强调：文化是民族的血脉，是人民的精神家园。建设社会主义文化强国，必须走中国特色社会主义文化发展道路，坚持为人民服务、为社会主义服务的方向，坚持百花齐放、百家争鸣的方针，坚持贴近实际、贴近生活、贴近群众的原则，推动社会主义精神文明和物质文明全面发展，建设面向现代化、面向世界、面向未来的，民族的科学的大众的社会主义文化。党的十九大报告从坚定文化自信的高度明确提出：文化自信是一个国家、一个民族发展中更基本、更深沉、更持久的力量。必须坚持马克思主义，牢固树立共产主义远大理想和中国特色社会主义共同理想，培育和践行社会主义核心价值观，坚定文化自信，强化文化自觉，更好构筑中国精神、中国价值、中国力量，为人民提供精神指引。

从上述的报告中，可以看到我们党在治国理政中关于社会主义文化为民的一贯坚持和制度安排，也是广州文化建设的理论指引和实践遵循。作为一座具有悠久历史、深厚文化底蕴和光荣革命传统的国家中心城市，广州充分体现了文化为民的发展轨迹。在改革开放之初，广州积极践行中央提出的“建设社会主义精神文明”的任务，坚持“两手都要硬”的方针。1981年，中共广州市委积极开展并深入普及“五讲四美”文明礼貌活动。1982年，广州成为第一批中国历史文化名城。1987年，举办第六届全运会，开展社会主义精神文明建设评选活动，践行建设“现代化的、高度民主的、高度文明的社会主义强国必须要加强公民社会主义思想道德观念的培养”的国家战略任务。党的十六大后中央明确提出将“社会主义精神文明和强国建设的重点”放在建设“社会主义核心价值体系”的战略任务上，在社会意识多元、文化交锋日趋频繁的形势下，将公民思想观念的引导、整合上升到国家文化发展理念的高度来构建，将社会价值导向作为推进马克思主义中国化时代化大众化的重要任务。2011年，中共广州市委、广州市政府，紧跟中共广东省委、广东省政府提出的“文化强省”目标，以高度的“文化自觉”及时推出“文化强市”规划纲要。在该纲要中明确提出“大力培育以社会主义核心价值体系为灵魂、以岭南优秀历史文化传统为底蕴、以现代文明素质为特征的新时期广州人文精神，把社会主义核心价值体系教育贯穿国民教育全过程”。党的十八大以来，党中央更加强调社会主义核心价值体系的价值主体和价值目标是人民，强调人民群众是历史的创造者和改革成果的共享者。它的根本着眼点和价值指归是最大限度地增进最广大人民的根本利益。广州在城市的建设和发展中，积极践行“城市发展为了人民，城市发展依靠人民，城市发展的成果由人民共享”的城市建设理念，积极开展创建全国文明城市，提升市民公共道德素质，同时开展系列文化惠民措施，尤其是广州亚运会期间精心组织实施“亚运”惠民10个项目，让人民群众切身感受到“亚运”带来的实惠，深得人心。

2011年，广州提出要培育世界文化名城的文化发展目标，并制定了《广州建设文化强市培育世界文化名城规划纲要（2011—2020年）》，并于2012年9月通过了《中共广州市委　广州市人民政府关于培育世界文化名城的实施意见》的文件，同时还制定了《广州市2012—2014年深化文明城市建设工作规划纲要》《广州市市民素质提升工程工作方案》等文件。这一系列文件的制定和实施，都强调要以人民为主体，进一步形成完善的公共服务、高效的行政管理、生动的民主氛围、先进的文化品质、良好的社会秩序、优美的生态环境、高尚的公民意识，以提高居民的生活质量，使广州成为人民群众共享的精神家园。因此，文化为民的价值理性始终贯穿在广州城市建设和发展的基本原则和建设理念之中。

（三）凸显核心价值观的引领

2016年12月26日，中国共产党广州市第十一次代表大会明确提出：文化是城市的根和魂，积淀着最深沉的精神追求。今后的城市软实力建设中，要深入推进中国特色社会主义、中国梦、社会主义核心价值观宣传教育，坚定中国特色社会主义道路自信、理论自信、制度自信、文化自信。社会主义核心价值观是社会主义先进文化的内核，是引领当代中国城市发展的精神旗帜。广州构建枢纽型文化网络体系，创建全国文明城市，培育世界文化名城，必须以核心价值观作为城市文化建设的共同价值追求，在大众文化和多样化社会思潮中，引领和整合城市文化建设的价值取向，确保城市文化建设向着更加积极健康的方向发展和完善。

党的十八大以来，广州深入推进社会主义核心价值观建设，坚持用核心价值观引领新时代广州文化建设，坚持用核心价值观引领精神文明创建活动，在贯穿结合融入、落细落小落实上下功夫，把核心价值观的要求体现到创建工作的各个环节、渗透到生产生活的各个方面，塑造城市之魂，培育城市之德，使文明城市成为市民文明有礼、人际关系和谐、公共秩序井然、社会风尚良好的标杆。广州群众性精神文明创建活动蓬勃开展，蝉联全国文明城市称号，被评为首批“全国未成年人思想道德建设工作先进城市”，荣获“全国文化体制改革先进地区”称号；基本建立覆盖城乡的公共文化服务体系，历史文化保护得到加强，在“2011年中国城市榜——全球网友推荐的最中国文化城市”中广州榜上有名。

近年来，广州成功举办第八届全国少数民族传统体育运动会、第九届中国艺术节和中国音乐金钟奖、国际纪录片节等文体盛会。志愿服务事业蓬勃发展；整合举办广州文化产业交易会，建成78个文化广场，开展群众性文化活动1.8万场，南粤先贤馆开馆运行，粤剧艺术博物馆荣获中国建设工程鲁班奖（国家优质工程）；成立全国首个文化上市公司产业联盟，设立100亿元文化产业投资基金，城市文化竞争力指数稳居全国第三；促进商旅文融合，召开旅游发展大会，推出旅游扶持政策，完善旅游公共服务，荣获“全国旅游厕所革命先进市”称号。

广州不断创新新时代核心价值观宣传普及的方式方法，开展形式多样的社会主义核心价值观宣传活动：2014年，广州在全市范围内开展主题月实践活动，围绕党的十八大精神，结合社会民情，设定各月主题，组织开展文明引导、主题宣传、网络访谈等系列活动，利用主题月现场活动、主题月专题报道等手段，“将创建文明城市与培育市民素质相结合”[1]。

---

①《广州市深入开展践行社会主义核心价值观主题月活动》，中国文明网：http://www.wenming.cn/syjj/dfcz/gd/201503/t20150302_2476649.shtml。

2015年7月，中共广州市委宣传部在广州新图书馆、白云区、番禺区、花都区、从化区、增城区举办了6场社会主义核心价值观基层巡回宣讲报告会活动。2015年9月，广东省工商联在广州召开全省非公有制经济组织践行社会主义核心价值观示范点现场经验交流会，授予101个单位为广东省非公有制经济组织践行社会主义核心价值观示范点。同月，由广州市文明办组织编写的《践行社会主义核心价值观广州读本》系列丛书出版。这套丛书突出指导性和贴近性，围绕广州本地的风俗文化和市民身边的事例来讲述如何将社会主义核心价值观用到实处。2015年12月，第六届广州市道德模范评选揭晓。广州在该活动中立足本地实际，着力培育和践行社会主义核心价值观，构建以道德模范和身边好人评选表彰、学习宣传和关爱帮扶为主的“三位一体”工作模式，让身边好人、道德模范成为大家行动的楷模。同月，中共广州市委贯彻党的十八大和十八届三中、四中、五中全会精神，全面落实中共广东省委、广东省政府决策部署，结合广州实际，就本市国民经济和社会发展第十三个五年规划提出一系列加强文化建设的建议，其中包括提高市民素质，深入开展社会主义核心价值观教育，加强中国特色社会主义和中国梦宣传，广泛弘扬爱国主义、集体主义、社会主义思想等。广州市文化公园和广州市白云山风景名胜区结合园区人流量大、地方特色鲜明的突出优势，着力打造宣传社会主义核心价值观的主题公园。

二、构筑开放包容的城市文化品格

城市是人类文化发展的高级聚落形态。一个城市的文化特色，会凝聚成其鲜明的文化品格。在2200多年的历史演进中，在改革开放40年快速发展的进程中，广州逐步地将文化作为城市发展的核心要素，以高度的文化自信和文化自觉，大力实施文化强市战略，培育和构筑独具特色的开放包容的城市文化品格，充分发挥了文化在经济、政治、社会等各个领域的引领作用。

（一）突出海纳百川的岭南特色

对传统文化的传承和超越，是在新的历史条件下推动文化建设和发展的重要前提。有内涵、有魅力、有特色的城市文化，必然离不开对传统文化的传承。任何一种地区的文化形式，总是深深烙上当地民族的印记，这是一个地区最显著、最重要的精神标识。党的十九大报告指出：构建先进城市文化，只能“在中华优秀传统文化创造性转化、创新性发展中寻根，在革命文化中寻求继承，在社会主义先进文化中寻求发展”，要做到“不忘本来、吸收外来、面向未来”，才能更好地构筑城市精神、城市价值，为城市居民提供精神指引。没有对传统文化的本质把握，这样的文化发展是不成熟的。广州城市文化品格的构筑，正是根植于深厚的地域文化优势和传统岭南文化品性，才展示出它的丰富内涵。

广州构筑的城市文化品格中，首先突出的就是岭南文化中海纳百川的文化特色。海纳百川是一种解放思想、开放兼容、汲百家之气的大气，而不是对外封闭、夜郎自大、盲目排他、故步自封的态度。海纳百川的岭南特色主要包涵了三个方面的内容：

其一，视野开阔，胸襟宽广，不封闭、不保守，能够放眼看世界，以开放和健康的心态接受外来新鲜事物。广州作为古代海上丝路的发祥地，以商贸文化为基本内核，成就了岭南文化中极具开放的文化传统。“广州是个有着2200多年历史传统的文化古城，近代以来又是中国唯一的对外通商口岸，Canton这个词作为广州的英文译名早已闻名于外。因此，广州的城市建筑在保留了传统岭南风格的同时又吸收了欧洲的建筑风格，形成了以西关骑楼和沙面租界建筑群为代表的中西合璧的城市建筑风貌。”[①]这是对广州具有开放包容文化品格最鲜活的话语表达之一。广州作为岭南文化的中心地、中外文化交融交会之地，拥有深厚的岭南文化传统，特别是商贸文化的底蕴格外深厚。广州具有濒临南海的独特优势和悠久的外贸历史，在发达的对外贸易和密切的对外交流中，不断孕育岭南文化的开放品格，被称为“千年羊城、南国明珠”。广州一直是海外华侨分布最多最广的城市，拥有庞大的海外华人网络和粤语文化圈，是我国唯一一个千年不衰的港口城市，港口的存在伴随着高度发展的商业文明，商品意识已深深沉淀在广州人的日常生活与思维方式中。中西文化不断在此碰撞和交流，各种思想和技术兼收并蓄，形成了海纳百川的文化气质。今天广州人的务实、开放、兼容、创新，正是这种文化气质的最好诠释。

正是岭南文化中蕴含的这种开放兼容，使广州在改革开放初期能够迅速接受新思想、新观念，接受社会变革的要求，接受商品经济、竞争意识、契约伦理等新观念，并在这些观念的指引下开始了市场化改革的探索。更加重要的是，岭南文化的开放姿态，吸引了大量的岭南以外的中国人和外国人涌入广州，使得广州自改革开放以来，形成了汇集南北、融合中西的文化新特征。据全国人口普查的数据结果显示，1982年第三次全国人口普查时，广东人口为59 299 220人，居全国第五位；而到2010年第六次全国人口普查时，广东人口为104 320 459人，跃居全国第一。不到30年，广东人口就增加了4000多万人，增幅居全国之首，且新增人口中，大部分是受改革开放政策利好的影响来广东“淘金”的岭

①赵泉：《试论中国城市化风格——以广州城市化为例》，《建筑与文化》2009年第7期。

北人。与此同时，随着对外开放的不断深入和对外交往的日益密切，来广东经商贸易、学习交流、旅游探亲的外国人越来越多。据广东省公安厅出入境管理局于2014年12月公布的数据显示：2014年1—11月，在广东常住的外国人约为9.5万人，其中亚洲国家占比53.7%，美洲国家占比24.2%，欧洲国家占比13.7%，非洲国家占比5.2%，大洋洲国家占比3.2%；在广东临时居住的外国人388万人次，其中亚洲国家占比58.5%，美洲国家占比14.7%，欧洲国家占比13.1%，非洲国家占比10.6%，大洋洲国家占比3.1%。

可以说，改革开放40年来，海纳百川的文化品格，一方面成就了广州国际化的城市风格，本地居民、外来务工人员，全球各国人员集聚广州，生活交融，达成各种思想兼收并蓄、开放生存的和谐状态，为新岭南文化的发展注入新的人文动力；另一方面为广州继续坚持深化改革开放带来内生驱动力。近年来，广州作为多项改革发展综合试点城市，为国家科技体制、金融体制、市场经济、国内贸易流通等改革探路，先后被批准创建国家创新型城市、建设全国性综合交通枢纽示范工程城市、设立跨境电子商务综合试验区等，在许多方面一如既往地成为改革开放的试验田。

其二，兼收并蓄、择善而从，善于博采众长，善于学习别人的长处，借鉴别人的经验。岭南文化在发展过程中不断吸收各种文化流派甚至异质文化的养分来丰富自己，呈现出一种兼容的文化特性。正是这种宽阔的胸怀，推动着改革开放在南粤大地迅速发展。例如：广州最早采用国际五星级酒店管理模式，最早学习海外的出租车扬手即停服务，粤语吸收了部分英语词汇，最早吸引大量民工南下，吸引海内外新移民流入，广州汇聚了天下美食而得“食在广州”的美誉，等等。一方面，可以说，岭南文化开放兼容的文化特质，成就了改革开放在广州落地生根；另一方面，改革开放的巨大成功也使得岭南文化焕发文化生机，在新时期得到了文化认同、张扬和创新发展。在改革开放过程中那些思想还未及时转型的人，面对广州经济的崛起，在无法指责其经济成就的时候，将批评的矛头指向了广州文化，认为广东、广州是“文化沙漠”，只有经济没有文化，并一度对广州的文化品格进行否定和批判。面对各种批评声音和岭南的异质文化，广州不仅能够保持“善于接受”“博采众长”“扬长补短”的态度，而且在接受批评的同时，全面地反思和审视岭南文化的内涵。其中最具代表性的是1995年5月，广东作家刘斯奋在《人民日报》以近一个版面的篇幅发表了《朝阳文化：巨人精神与盛世传统》，从农业文明向工业文明转型的视角，论述了一种新文化精神的必然产生以及这种文化精神的内核和特征。虽然这篇文章超越了岭南文化的范畴，但其理论框架却是建立在岭南文化的实践基础之上的，被认为是岭南文化现代精神的一次理论总结和阐述。自这篇报道之后，对岭南文化的批判和责难开始消退，岭南文化在国内逐渐得到了认同和张扬。

可以说，随着改革开放的推进，广州不仅没有丢弃掉岭南文化，反而不断创新、丰富其内涵和形式，加强了文化自身的建设，推陈出新，打造出具有超前性、符合时代发展潮流和代表着进步和前进方向的新岭南文化。近年来，广州不断抓住国家文化发展战略的机遇，着力擦亮“世界文化名城”的城市品牌。2008年，国务院制定的《珠江三角洲地区改革发展规划纲要（2008—2020年）》，从国家层面上定位广州为“国家中心城市”，广州为此提出了建设国际商贸中心和世界文化名城的“双轮驱动”战略，将城市功能发展和城市文化发展作为城市竞争力的“两条腿”。2011年，广州出台《广州建设文化强市培育世界文化名城规划纲要（2011—2020年）》，对标纽约、洛杉矶、伦敦、巴黎、米兰、罗马、雅典、维也纳、柏林等世界文化名城，力图产生超越地域性、辐射全球的文化辐射力，以此引领主流价值观念、塑造文化向心力、形成文化氛围。

其三，尊重他人的尊严和权利，以平和的心态对人对事，乐于助人、乐于奉献。研究“岭南文化”的学者认为：“岭南位于东亚大陆的边缘、南海之滨。得天独厚的地理环境和自然环境形成的岭南文化，必然是‘窗棂之下，易感风霜’，免不了要发生与其他外域文化的碰撞和交汇，形成一种开放的文化心态，呈现出与较为封闭的内陆文化有明显的不同性质。”[①]这里所说的“明显的不同性质”，就是它具有开放兼容、海纳百川的文化精神。这种精神，在改革开放时期，被发挥到极致。作为当时市场经济最为完善的地区之一，发达的市场经济为社会提供了众多的就业岗位，吸引着大量的人力和人才进穗务工。因此，对职业的尊重、对岗位的敬业，奠定了广州人敬业爱岗、无私奉献的精神理念。尊重劳动，尊重他人的尊严和权利，大力倡导和弘扬新时期的人文精神，推动了社会主义文化建设和市场经济的发展。

（二）提升改革开放的文化影响

岭南文化是广州文化的历史底蕴，对岭南文化的优秀传统进行创造性转化、创新性发展，这代表着广州从哪里来；而改革开放文化的发展，彰显出广州文化的时代特质和社会主义先进文化发展的当下和未来，改革开放文化代表着广州往哪里去。改革开放文化在广东的兴起是在岭南文化的土壤上孕育而生的一朵奇葩。正是岭南文化海纳百川、兼收并蓄、务实进取的文化品格，广州的改革开放才能呈现出今天独特

①李权时：《岭南文化》，广东人民出版社1993年版，第23页。

的文化气韵。在改革开放过程中，广州通过“市场经济、契约伦理、竞争进取、市场道德等现代观念的北伐”[1]和“发挥当代中国的‘思想库’、改革开放实践的‘先行区’和外国人了解和认识中国的‘文化窗口’等功能”[2]，进一步提升了自身在中华文化影响力中的重要地位和作用。涅槃之后的广州文化在改革开放的新时期更加充满活力，使广州一跃成为当代中国最有文化影响力的城市之一。广州建设世界文化名城的目标，需要以岭南文化为支撑，以改革开放文化为引领，进一步扩大改革开放的文化影响力，用创新求变的文化品格，引领广州的城市定位和发展方向。

改革开放40年来，广州积累了极其丰富的“关于改革开放”的发展经验。从邓小平同志的改革思想、江泽民同志的改革思想、胡锦涛同志的改革思想到习近平总书记的改革思想，广州都是重要的“孕育地”和“实践地”之一。广州改革开放的实践为我们党各个时期改革思想的形成和发展提供了宝贵的经验，沉淀了许多有价值的思想认知和重要判断。广州人民对改革开放有着深厚的文化情结，他们不仅仅将改革开放看作是一种制度、一种模式。“改革开放”的文化影响力，已经在广州社会各阶层各民众心中得到广泛的认同，因为以改革开放带来的社会价值标准判断公民思想道德素质、市民文明水平，都已经深植于广州各个地区、各个领域、各个行业之中。因此，广州无论是在过去、现在还是未来，无论是在城市建设的哪个领域，都应该充分发挥改革开放的文化优势，乘势而上、奋勇向前，将改革开放进行到底。

---

①霍秀媚：《广东的改革开放与岭南文化》，《人文地理》2000年第5期。

②叶岱夫：《岭南文化区域系统分析》，《岭南学刊》2008年第5期。

（三）拓展和谐包容的文化张力

随着经济体制深刻变革、社会结构深刻变动、利益格局深刻调整、思想观念深刻变化，导致凝聚改革共识难度加大，统筹兼顾各方面利益任务艰巨而繁重。因此，必须进一步推进马克思主义中国化时代化大众化，建设具有强大凝聚力和引领力的社会主义意识形态，使全体人民在理想信念、价值理念、道德观念上紧紧团结在一起。推动马克思主义中国化时代化大众化，其实是走社会主义文化发展道路、加强文化建设的重要使命。既要充分挖掘传统文化的精华，充分利用传统文化的资源，努力推进文化建设；同时又要把握世界文化发展的时代性特征，通过二者的结合构建起强大精神支撑。广州未来的文化发展道路，要实现文化的认同和情感的归属，唯有不断“扩张和谐包容的文化张力”。

其一，全面认识和继承传统文化，弘扬地区传统文化，深挖传统文化中的精华，对岭南文化进行创造性转化。岭南文化作为中华传统文化的重要组成部分，固有的和谐理念，天人合一理念，宗教、文化的包容多元理念，都有利于我们以开放的心态吸纳其他优秀文化成果，进而更新、发展自己的文化。其二，加强文化交流，提升岭南文化影响力。20世纪末，美国政治学家亨廷顿提出了著名的“文明冲突论”。他认为，未来世界的国际冲突的根源将主要是文化的，全球政治的主要冲突将在不同文明的国家和集团之间进行，文明的冲突将主宰全球政治。站在整个世界文化角度来看，多种文化的长期共存，一方面多种文化之间的取长补短、共同发展将是人类历史发展的主线，另一方面多种文化的共存和冲突也将是未来世界充满活力和不断进步的重要推动力。一句话，“海纳百川，兼容并蓄”正是世界文化发展的方向和潮流。而这种方向和潮流与岭南文化的内涵是一致的。致力于未来世界文化发展的舞台，必须继续保持与外来文化的不断交流和碰撞，吸纳新的思想资源，使得岭南地区的文化充满活力，提升岭南文化的世界影响力。其三，加强文化创新，必须秉承和谐包容的态度，才能不断接受变革，与时俱进，浴火重生。常言道："苟日新，日日新，又日新。"在广州当代改革开放事业中，创新精神和创新能力处于尤其突出而关键的位置。只有南北贯通，中西融会、和谐包容，才能实现文化观念和文化内容、文化体制和文化机制的创新；只有扩大和谐包容的文化张力，才能拥有创新的精神、创新的自觉和创新的行动，才能解放文化生产力，激发文化创造力，推动社会主义文化建设的可持续发展。

三、弘扬敢为人先的城市人文精神

改革开放以来，广州人大胆探索，勇于创新，构筑起具有时代意义的现代城市人文精神。新时期广州城市人文精神，实现了以社会主义核心价值观为灵魂，以岭南文化中敢为人先、开放包容、务实创新的传统文化品格为底蕴，以求真务实、开拓进取、勇于创新的现代文明理念为目标，将在南粤大地上铸就深厚的人文精神和文化价值家园，也将在推动中国特色社会主义文化发展的新征程上展示出积极向上、奋发有为的时代风貌和人文气质。

（一）厚植求真务实的人文精神

求真务实就是坚持实事求是原则，一切从实际出发去思考和解决问题，是一种实干精神、一种讲求实效的精神。主要有三个方面的含义：一是追求真理，相信科学，崇尚理性，尊重客观规律，按客观规律办事，不迷信，不盲从，不附和。二是实事求是，一切从实际出发，具体问题具体分析，因地制宜，不照办照抄，反对教条主义。三是讲求实效，追求效率，不尚空谈，不摆花架子，不搞形式主义。求真务实的精神，既是中华传统文化中中国人最为崇尚的精神内涵，也是中国几代共产党人坚持、继承和发扬的思想品格。在广州厚植求真务实的人文追求，既是岭南文化继承发扬的文化品格，也是广州改革开放文化的时代要求，更是广州人最认同的精神价值归属。

广州厚植求真务实精神，体现了岭南文化一脉相承的文化本质，是深得广州市民认同的精神品质和价值取向。改革开放以来，广州在推进城市化的进程中，同时注重城市精神和城市文化品位的塑造，以期培育更具文化自觉与文化认同的城市发展主体。

一方面，求真务实是对各个发展时期的“广州人精神”的内涵不断进行提炼、总结和归纳的结果。1990年2月6日，广州市社会主义精神文明建设委员会首次确定“稻穗鲜花献人民”为广州人精神，“团结、友爱、求实、进取”为广州市风[①]；2003年，在广州市人大十二届一次会议上，政府工作报告中关于精神文明建设方面提到，要使“敢为人先、奋发向上、团结友爱、自强不息的广州人精神得到弘扬”；在历经“非典”考验之后，广州的城市精神又被概括为勇于献身、无私奉献、舍生取义的精神，恪尽职守、艰苦奋斗、迎难而上的敬业精神，众志成城、团结协作、和衷共济的团队精神，尊重实践、相信科学、依靠科学的科学精神，心系群众、一心为民、高度负责的奉献精神；2004年，广州在经过了为期一年的“广州人精神大讨论”后，由专家学者和市民大众共同评选和得出三条“新时期广州人精神的通行性概括”（即“开放开拓，诚实务实，和合和谐，卓越超越”“生猛锐进，务实诚信，开放兼

---

①《广州人精神和广州市风》，《广州市政》1990年第2期。

容，达观淡定”“开新天地，创新财富，建新生活，辟新境界”）和两条“新时期广州人精神的特色性概括”（即“江海情怀，红棉品格，乳虎精神”“江海情怀，红棉品格，榕树气质，弄潮精神”）；2010年，广州借亚运会契机积极开展城市精神大探讨活动，将广州的城市精神概括为“务实、求真、宽容、开放和创新”，将“敢想会干为人民，和谐包容共分享”概括为广州亚运精神；2012年，广州又提出要“培育新时期敢为人先、奋发向上、团结友爱、自强不息的现代城市人文精神”。从上述“广州城市人文精神”的提炼历程中，我们可以看到“求真务实”受到广泛的认同。比如，在2003年4月《广州日报》举办的“广州人精神”征文中，分析统计发现“广州人精神”中提“务实”口号受到最多人的认同，60%以上的征文中都提到了这一点。

求真务实是广州城市精神的行动品质，是最具世俗化、平民化的特征。广州兴务实之风，自古与其源自本土所倚重的物质文化有关。广州地处中国南端，北隔五岭，南阻大海，在交通不发达的古代，广州在地理上处于相对封闭的状态，因受传统的重农抑商、好务虚名等观念的影响较小，凭借地缘上毗邻南海的优势，广州人乐于进行海外冒险和海上贸易，广州由此形成相对独立的贸易和文化风格：重商扬商，低调务实，讲求物质文化的实用性。源于自然环境和人文环境的双重作用，加之后期受西方“求实”精神的熏陶，使广州建城后更“重实际、重实效、重实利、重实惠”[①]，延续了“唯物”和“唯实”的价值取向，“少说多干”“马死落地行”成为广州人的处事风格。进入改革开放新时期，广州也正是本着求真务实的精神，对标国内外先进城市，大力汲取发达国家经验的同时，立足于我国国情，从广州实际情况出发，一步一

①李权时、顾涧清等：《广府文化论》，广州出版社2013年版，第10页。

个脚印，不断探索中国特色社会主义发展道路。正是发扬求真务实的精神，才使得广州经济社会的发展不断迈上新的台阶。

广州坚持和继承求真务实精神，以求真务实为导向，大兴求真务实之风，用务实作风抓改革，体现了我们党一以贯之的思想路线的核心。改革开放初期，邓小平同志强调坚持彻底的求真务实精神。他说：我读的书并不多，就是一条，相信毛主席讲的实事求是。过去我们打仗靠这个，现在搞建设、搞改革也靠这个。党的十八大以来，习近平总书记对求真务实有过许多生动的论述，如“发扬钉钉子精神”“一分部署，九分落实”“空谈误国、实干兴邦”。他强调：社会主义不是喊出来的，是实实在在干出来的；中国改革开放近40年来所创造的奇迹，靠的就是求真务实、真抓实干。要从实际出发谋划事业和工作，使点子、政策、方案符合实际情况、符合客观规律、符合科学精神，不好高骛远；要深入调查研究，增强看问题的眼力、谋事情的脑力、察民情的听力、走基层的脚力。中国改革开放40年来所创造的奇迹，靠的就是求真务实、真抓实干。

（二）弘扬敢闯敢拼的文化个性

“敢为天下先精神”是广州人民在改革开放40年中不断取得成绩和进步的重要原因之一。敢为人先、敢闯敢拼、开拓进取的精神，是典型的岭南文化的独特品格，是广州文化的精神内核。在岭南地区悠久的商贸文化和激烈的商业竞争中，广州人逐渐摒弃了保守、狭隘的小农意识，培养出一种勇于拼搏、勇于创新、勇于走前人没有走过的路的大无畏精神。这种文化个性是广州人与其他省份人最鲜明的区别。早在20世纪30年代，著名文学家林语堂在《中国人》一书中就这样写道：“在中国正南的广东，我们又遇到另一种中国人。他们充满了种族的活力，人人都是男子汉，吃饭、工作都是男子汉的风格。他们有事业心，无忧无虑，挥霍浪费，好斗，好冒险，图进取，脾气急躁，在表面的中国文化之下是吃蛇的土著居民的传统，这显然是中国古代南方粤人血统的强烈混合物。”[①]现代广州人继承和弘扬了广州人敢于冒险、敢于拼搏的传统精神，率先冲破旧体制的束缚，率先改革开放，率先开辟“集资引资建设路桥”新途径，率先废除各种限制消费的“票证”，率先建立起社会主义市场经济的基本框架，率先探索各种股份制形式，组建了全国第一家报业集团，等等。以广州为中心的珠三角地区，更是迅速成为全国对外开放的“南风窗”，成为内陆城市的经济模式、生活方式、文化形式的模仿对象，引领着中国社会的变迁。广州积极变革经济模式，发展开放型、外向型经济，建成了一大批辐射广和影响大的服饰、玉器、茶叶、花木批发市场，举办了大型商品进出口交易会，设立自由贸易区，极大拓宽了广州的贸易市场。广州市场的开放更是解放了广州民众的思想，越来越多人跳出计划和体制，参与到创业创新中，培养了广州敢干、实干、巧干的文化精神。在这一个个“率先”中，充分反映出深植于广州文化中的历史传统批判精神、社会主义时代精神和立足本国面向世界的开放精神。

伴随着改革开放的经济发展，20世纪末广州就开始探索如何将单一的经济增长模式转型升级为文化引领的高质量发展方式，构建更加具有开创精神的城市发展环境。如何将历史传统精神发展成为社会主义时代精神和现代城市发展品格，迫切需要回归到文化领域，对敢闯敢拼的精神予以培育和重塑。对此，广州进一步重视如何“培育现代城市人文精神”，提出要从广州城市历史文化的传统品格出发，大力弘扬以爱国主

①林语堂：《中国人》，浙江人民出版社1988年版，第4页。

义为核心的民族精神，进一步加强爱国主义教育基地建设，开展形式多样的历史文化教育和“我们的节日”等活动，继续推进城市公益宣传，深化国情省情市情和形势政策教育，不断激发全民爱国热情，增强市民对广州城市的认同感和归属感；要从广州发展进步的时代特征出发，大力弘扬“解放思想、改革开放”的时代文化精神，不断丰富“敢为人先，奋发向上，团结友爱，自强不息”的新时期广州人精神内涵，塑造城市内在精神之魂；要强化基层思想政治工作和企业文化建设，切实加强对企业职工和外来务工人员的人文关怀，提升社会主义核心价值的辐射力和影响力。

如何为广州铸魂？人文精神的构筑，提炼起来简单，将其做实做深做细做透则是系统工程，很难一蹴而就。20世纪90年代初，广州就开始进行城市铸魂工程的实践探索，将新时期广州人精神内涵渗透到城市文明创建工作、体现到城市公共空间、注入市民生活和文明素质提升中，与各阶层、各群体的公民思想道德教育工作、与企业职业道德素质教育等紧密结合，逐渐将“文明广州”“公民素质”品牌打响，凝心聚气，塑造城市之魂，建设共有精神家园。

从1998年开始，广州开启了以创建全国文明城市为目标的文化建设和文明提升历程。尤其是通过抓住举办亚运会的契机，围绕“广州办亚运，市民是主人”深入开展一系列广泛而鲜明的文明精神创建活动。

一是开展“争做好市民，当好东道主”——“亚运广州行”市民素质提升系列活动，共3330场次；开展“全民习礼仪”“全民学英语”“全民勤健身”“全民守秩序”“全民齐清洁”“全民传爱心”六大专题行动；开展“排队日”“互助日”“微笑日”“志愿服务日”等文明礼仪教育主题活动，共有市民380万人次参加；其中特别值得一提的是在全国形成示范效应的“广州文明乘车行为”，这项开始于1986年11

月广州市交委在一汽巴士开展“友爱在车厢”的活动一直持续，文明乘车早已成为广州市民的出行习惯。

二是连续三年（2009—2011年）进行“每月一个主题”的创建全国文明城市主题月实践活动，共计270万人次参与其中，主题设计包括“慈善帮扶”“爱护公物”“文明出行”“文明观赛”等，让城市文明的理念不断确立并形成风气，被市民广泛认同和践行。

三是开展积极广泛的志愿服务，掀起城市志愿服务的热潮，打造极具特色的志愿品牌服务。据统计，2011年，广州全市注册志愿者总数已达123.1万人，志愿服务队2036支，志愿服务基地634个，志愿服务站1139个。志愿服务的范围涵盖敬老助残、应急救援、扶贫助弱、绿色环保、健康普及、援外服务、大型赛会等多个领域，纳入统计的志愿服务累计6.2亿小时，平均每周约9.3万名志愿者活跃在广州城市的各个角落。志愿者成为广州城市文明的“绿色使者”，他们的一言一行如春雨一般滋润着人们的心灵。

四是开展城市辐射乡村的文明村镇创建活动，坚持以城带乡，城乡共建。市、区（县级市）、街（镇）三级联创文明示范村，学习借鉴“四在农家”经验，组织市级文明单位与文明示范村结对开展城乡共建文明示范村活动，提高农民素质和农村地区文明程度，实现城乡一体文明大提升。2011年，全市有全国文明镇1个，省级文明镇10个、文明村22个，市级文明镇11个、文明村69个。

（三）营造勇于创新的文化氛围

中国改革开放的发展历程，是一个持续探索创新的过程。没有创新，城市就失去了发展的动力。广州作为中国改革开放前沿地，充当了改革开放试验田的角色和功能。在市场培育和要素集聚成长方面，广州的地方政府，充分发挥了市场机制的作用，尽量减少政府干预，从而为民间的制度创新、产业创新和市场开拓提供了广阔的空间，促进了民营经济的发展，为创新精神的兴起和发展奠定了良好的基础。党的十八大以来，随着国家“双创”发展战略的提出，广州过去的政策优势、地域优势，尤其是劳动力优势逐步消失。广州企业要转变经济增长方式，走自主创新之路，就必须进行“创造性破坏”的转型升级。实现这一转型，必须大力弘扬和激发创新精神，将创新文化融入广州城市精神。大力营造创新文化的舆论氛围，形成有利于创新精神的价值取向。

激发勇于创新的精神，广州具备先天优势。广州的创新精神，经过近40年的社会主义市场经济发展的探索，已经具备从文化软实力转变成为技术革新的特殊要素和集聚资源的条件。广州，深受岭南文化的“对外开放、重商守信”的熏陶，其文化传统中蕴含的坚韧不拔、敢于冒险、勇于担当、大胆革新以及追求自由的精神特质，深深地渗透到广州人的骨子里。这种勇于创新的精神，开启中国民主革命之先河，引领中国改革开放之道路。直至今日，已经在多方面深刻地影响着广州甚至整个岭南地区的发展。比如，在体制机制创新中，广州率先开展行政审批制度改革和公车改革；在环境治理模式创新上，广州率先实行垃圾分类；在文化事业和文化产业创新发展上，广州率先开展全国文化体制改革，对文艺院团、新闻报业进行了市场化与社会化相结合发展的体制机制创新，其中广州日报报业集团成为中国传媒业发展的“领头羊”；广州恒大足球启动现代企业经营管理模式，拉开了中国职业足球全球化经营发展的序幕。

创新精神是广州未来发展的核心驱动力。今天的中国，改革依然是解决发展过程中所有问题的关键，深化改革和创新驱动发展是广州持续发展的关键。全面深化改革是习近平总书记“四个全面”战略布局的重要内容，创新则处于引领中国未来发展的“五大理念”的首位，因此，改革创新是当前以及未来中国最为宝贵的时代精神。在改革开放40年之际，我们深深地感受到创新精神对于一个城市发展的至关重要性。2015年12月3日，中共广州市委十届七次全会通过《中共广州市委关于制定国民经济和社会发展第十三个五年规划的建议》，首次提出建设国际科技创新枢纽。要建设国际科技创新枢纽，广州必须抓住创新精神核心驱动力，将创新文化融入广州城市精神。广州人更加需要激发敢于行动，突破自我藩篱的血性；更加需要发扬岭南文化的精神特质，将岭南文化最骨子里的精神气质与现代市场规则、现代城市精神密切结合，紧跟时代发展的步伐，为创新精神的培育提供坚实的人文基础和充裕的文化条件。

第四章

文化活力与产业发展

改革开放40年来，广州始终坚持以人民为中心的文化工作导向，激发全市人民的文化创造活力，不断深化文化体制改革，以体制机制创新推进文化强市建设、促进文化产业结构化升级、构建现代文化产业体系，有效推动了文化建设的繁荣和发展。党的十八大召开之后，以习近平同志为核心的党中央对社会主义文化建设提出了一系列新思想、新论断，为新时期加强社会主义文化建设指明了方向，提供了遵循。以此为指引，广州进一步深化文化体制改革，努力探索文化发展的动力与活力，在壮大传统文化产业的基础上，大力发展新型文化产业、培育新型文化业态，迈出了文化建设和发展的新步伐。

一、深化文化体制改革与创新

广州是全国文化体制改革综合试点城市之一，广州文化体制改革的一系列实践探索集中展现了我国文化体制改革的一个缩影。因此，重新审视改革开放40年来广州文化体制改革的基本历程，有助于我们在总结分析中获取有益的经验。对于全国深化文化体制改革，推动文化体制机制创新具有积极的启示意义。

（一）深入推进文化机构改革

自1978年改革开放以来，广州就紧紧抓住历史性机遇，积极探索文化体制改革的有效途径。广州文化体制改革大致经历了3个阶段——初步探索阶段、重点突破阶段、深化拓展阶段。

1. 初步探索阶段（1978—2001年）

党的十一届三中全会以后，凭借中央给予的特殊政策和毗邻港澳的优势，广州率先打破了文化由国家独办的计划经济模式。1979年，我国第一家经营性的音乐茶座在广州东方宾馆开办，这标志着计划经济时代文化由国家独办的传统模式被打破。1988年，广州加快了文化体制改革的步伐，对文化艺术院团进行改革。进入20世纪90年代，随着社会主义市场经济体制的建立和不断完善，广州文化体制改革尝试向分类改革推进。1993年，羊城晚报社率先在全国报业中实行社长领导下的总编辑、总经理负责制，并任命了社委会新的领导成员，实行“事业单位企业管理”的新型管理体制，采编部门和财务、技术等部门采取管理中心制，广告、发行、网络、物业等部门全部实行公司化管理。之后，广播电视、新闻出版、文化艺术等事业单位纷纷转制，逐步转变为企业化经营和市场化运作。到了90年代中期，广州的文化体制改革成效初显，文化市场逐步完善，文化管理体制基本理顺。

伴随着广州文化体制改革的范围、领域进一步扩大，广州文化体制的改革开始从试点到全面铺开。1996年1月，经中宣部和国家新闻出版署批准，我国第一家报业集团——广州日报报业集团正式组建成立，也是当时全国版面规模最大、经济规模最大、经济效益最好的报业集团，它标志着广州报业开始向集团化建设迈出重要一步。之后，以广州日报报业集团、羊城晚报为代表的媒体产业逐步进入了集团化、规模化、产业化的运营阶段。

2. 重点突破阶段（2002—2011年）

2002年以后，广州文化体制改革进入了一个重要阶段。这一阶段总目标就是要以文化体制改革为契机，深化文化宏观管理体制改革，优化资源，大力发展文化产业和文化事业，发挥文化对社会经济发展的促进作用。2002年，党的十六大明确提出深化文化体制改革的要求，并对文化体制改革的目的、意义、主要任务和实施重点进行了论述。2003年，全国范围内的文化体制改革试点开始实施，同年，广州被定为广东省文化体制改革综合试点市。2005年，试点工作结束，标志着我国文化体制改革进入一个重点突破的新阶段。2008年，广州陆续出台了《中共广州市委广州市人民政府关于继续解放思想、深化文化体制改革、推动文化事业和文化产业加快发展的决定》《广州市全面推进文化事业单位改革的意见》《广州市全面推进文化事业单位改革的若干配套政策》等文件，广州文化体制改革工作如火如荼地全面铺开。

2008年，广州文化事业单位改革全面启动，这项改革涉及70个单位、近15 000人，推出了31项实施方案。这些方案内容包括文化事业单位转企改制、市属媒体体制改革、文化企业集团组建、市属博物馆（纪念馆）下放、市区有线电视网络广播资源整合、部分文化事业单位合并或注销等。随后还推出了《广州市属媒体与文艺院团定向合作办法》《市属文艺院团经费综合定额包干管理办法》等一系列管理文件，为文化体制改革的有序推进提供了保障。2009年，广州在全国率先成立广州市国有经营性文化资产监督管理办公室（文资办），对广州国有经营性文化资产进行监督管理，以保障国有文化资产的保值、增值。2010年，市属各专业文艺院团全部转制为企业，组建成立广州文艺创作研究院、新广州画院，对原属事业单位的广州美术公司、广州市演出公司、广州市电影公司实行转企改革，将广州文化发展公司、广州文化广场并入广州文化发展总公司；关闭了经营不善的广州市新时代影音公司、广州市演出器材公司、广州新闻图片社；市属新闻单位完成宣传、经营业务“两分开”和“制播分离”改革，广州电台和电视台合并成立广州广播电视台，组建了广州传媒控股有限公司、广州广电传媒集团有限公司；广州新华出版发行集团、广州珠江数码集团、广州影视传媒有限公司等企业集团先后成立并完成股份制改造。2010年，广州获“全国文化体制改革先进地区”荣誉称号。

3. 深化拓展阶段（2012年至今）

党的十八大以来，以习近平同志为核心的党中央对社会主义文化建设提出一系列新思想、新论断和新要求，为新时期深化文化体制改革指明了方向，提供了遵循。2013年6月，广州在两次被评为“全国文化体制改革先进地区”的基础上，召开文化体制改革座谈会，提出“加大力度、巩固提高、深化拓展、攻坚克难、科学发展”的改革举措，要求在新的起点上推动文化体制改革取得新进展。2014年2月，中央全面深化改革领导小组审议通过《深化文化体制改革实施方案》，文化体制改革基本工作格局轮廓日益分明，强调要着力抓住完善文化管理体制和深化国有文化单位改革的两个关键环节，使文化体制改革在新的起点上开拓前行、扎实推进、全面深化，传统的文化行政部门要完成由办文化向管文化、由管微观向管宏观的“现代行政”转身。2015年6月，中共广州市委审议通过《广州市深化文化体制改革实施方案》，提出深化文化体制改革是适应发展新形势新任务，提高广州城市文化软实力的客观要求。全市各级各部门要进一步增强大局意识、责任意识和改革意识，以培育和践行社会主义核心价值观为根本，始终坚持社会主义先进文化前进方向，先行先试、大胆创新。借此，广州着力完善国有文化资产管理体制，加快传统媒体和新兴媒体融合发展，加强互联网建设和管理，促进基本公共文化服务标准化均等化，让广大群众进一步共享文化发展成果。

2017年6月，广州市政府印发《广州市文化广电新闻出版事业发展第十三个五年规划（2016—2020年）》，提出继续深化文化体制改革。国有经营性文化单位基本建立起符合文化企业发展特征的现代企业制度，文化市场的主体地位进一步强化，改制文化单位的活力和竞争力明显增强，社会力量参与文化事业的制度建设得到较大发展。

（二）有效推进文化单位改革

广州文化事业单位改革坚持区别对待、分类指导的原则，分三类推进。第一类是公益性文化事业单位，包括各级图书馆、博物馆（纪念馆）、文化馆、群艺馆等为群众提供公共文化服务的单位。该类单位按照市区两级进行分级管理改革，整合文化艺术创作研究机构，创新公益性文化事业单位内部运行机制。大力推动内部人事、收入分配、社保3项制度改革，采用全员聘用、岗位工资、业绩考核、项目负责等办法引进竞争和激励机制。第二类是广州电视台、广州日报报业集团、广州电台、广州市社会科学院以及其他体现地方特色和国家水准的艺术院团等单位。该类单位实行事业体制，由政府重点扶持。新闻单位的广告、印刷、发行、传输网络等经营性部分，以及影视剧的节目制作和销售等部门，从事业体制中剥离出来转制成为企业；市属媒体内部进行资源整合和结构调整，媒体宣传与经营“两分开”，对文化企业资产进行重组和股份制改造，必须由新闻单位作为出资人和控股方组建经营性公司，社会资本不得以广告或发行等公司的名义直接或变相介入宣传编辑业务。第三类是其他艺术院团，放映、演出、美术、文化发展公司、文化发行、印刷企业、电视剧和娱乐节目制作等经营性文化单位。该类单位逐步进行转企改革，面向市场，特别是文艺院团实施“一团一策”的转企改制，文艺演出院团实行签约制、演出经济人制、剧目制作人制等。在运行机制、用人制度、资金投入方式等方面全面进行改革，增强文艺院团艺术创造活力和市场生存能力。

1. 经营性文化单位转企改制

2008年底，广州开始推行经营性文化单位的转企改制。一是经营性文化事业单位全部转企改制。广州出版社等26家经营性文化事业单位全部核销事业编制，注销事业法人，剥离各原属事业单位优质资产组建公司，平稳转制为企业，建立现代企业制度。广州传媒控股有限公司、广州广电传媒集团、广州新华出版发行集团等10余家转制企业建立了董事会，其中三大集团的监事会也相继成立。二是文艺院团实现转企改革。8家市属文艺院团全部转制为企业，采取经费定额核拨、解决演出场地、成立艺术基金会等措施，促进改革后的院团发展，呈现出精品剧目、演出场次、演员收入“三增加”的良好局面。

通过文化事业单位转企改革，市属国有经营性文化单位整体经营能力明显提高。2010年，广州85家市属国有及国有控股经营性文化单位实现主营业务收入64.62亿元，同比增长15.87%；实现净利润6.30亿元，同比大幅增长。截至2013年11月底，13家广州市政府直接出资的国有经营性文化单位资产总额为90亿元，同比增长3.10%；所有者权益达77.07亿元，同比增长4.44%。

2. 组建大型文化企业集团

广州文化体制改革按照“强强联合、盘活存量、提高增量”的思路引入市场机制，通过多元融资、资产重组、产权交易等方式，组建了一批经济实力雄厚、经营模式新、科技含量高、核心竞争力强的国有或国有控股文化企业和文化集团，其中特别突出的是广州日报报业集团。

2009年，广州日报报业集团将全部经营性资产注入广州传媒控股有限公司，由控股公司统一经营管理并承担保值增值任务。2012年，广州日报报业集团将下属传媒类优质经营性资产整体注入其控制的上市公司粤传媒，实现广州日报社传媒类主营业务的上市。粤传媒是我国首家获中宣部和国家新闻出版总署批准并在主板上市的公司，广东省唯一报业传媒集团整体上市公司，也是全国报业集团经营性资产整体重组上市第一例。粤传媒整体实力和影响力在全国同行中名列前茅，其体制机制创新成效突出，彻底实现了宣传经营两分开，控股公司按照建立规范法人治理结构的要求，理顺资产管理关系，创新管理体制机制，健全管理制度，建立了有效率、有活力、有竞争力的内部管理体制和运行机制，提高了市场化运营能力和经营管理水平。另外，广州推动文化企业以资本为纽带进行资产重组，整合市区出版发行、有线电视网络和市电视台内部资源，成立了广州新华出版发行集团、广州珠江数码集团、广州影视传媒有限公司等骨干文化企业并完成股份制改造。

3. 推进文艺院团体制改革

文艺院团的体制改革是文化体制改革的重点和难点。广州原有8家市属文艺院团，从业人员近800人，离退休人员332人。改革以前由政府统包统管，市场生存能力较弱。长期以来，这些院团实行事业编制单位体制，政府统包统管，经营入不敷出。2009年，广州歌舞团、广州粤剧院、广东省木偶剧团、广州杂技团、广州话剧团、广东音乐曲艺团、广州芭蕾舞团分别改制为企业，进行市场化运作。2009年，成立广州市文化艺术管理中心，负责管理原粤剧、话剧、杂技、歌舞、曲艺等艺术院团未受聘和离退休人员。按“老人老办法、新人新办法”的原则，“老人”保留改制前原事业编制人员事业身份，进入管理中心，被聘到公司的人员按企业化管理，退休时享受事业身份待遇，“新人”全部按劳动合同法签订劳动合同。

面对文艺院团市场生存能力较弱、市场竞争力不强的现状，政府构建多元化扶持机制，确保改制后的院团发展壮大。出台《市属文艺院团经费综合定额包干管理办法》，实施院团经费综合定额包干，加大对文艺院团的投入，保证了文艺院团改制工作的平稳推进。同时，实行文艺院团与剧场、媒体和旅游“三捆绑”政策。与剧场“捆绑”：行政划拨给每个院团一个剧院（场），给每个院团建好剧目合成排练场，完善配套设施；与媒体“捆绑”：制定《广州市属媒体与文艺院团定向合作办法》，加强对文艺院团的宣传，共同经营开发演艺产品和市场；与旅游实行“捆绑”：结合2010年在广州举办的第九届中国艺术节，广州对一批演出场馆升级改造，确定每个院团经营一个以上旅游剧院（场），财政给予补贴。实行政府主导、文旅联姻、企业经营、市场运作。通过采取政府优先采购转制院团文艺产品、建立促进文艺文化艺术发展繁荣基金、完善剧场等设施建设与配备、加强文艺院团宣传，推行旅游剧院（场）等多种方式，对转制院团加以扶持。改制后的单位院团在建立现代企业制度的基础上，市场生存能力有所增强。2010年，广州歌舞团等7家文艺院团企业实现营业收入5000.9万元，比2009年增长了97.7%，演职人员的平均收入也有较大增长。

（三）有效推进文管体制改革

首先，建立国有经营性文化资产管理体制和运行机制。2009年10月，中共广州市委、市政府批准设立广州市国有经营性文化资产监督管理办公室，对全市国有经营性文化资产履行出资人职责。至2013年，制定下发了《广州市市属国有经营性文化资产监督管理暂行办法》《广州市市属国有经营性文化单位重大事项审核备案暂行办法》《广州市市属国有经营性文化单位国有产权变动监管暂行办法》《广州市市属国有经营性文化单位（试点）负责人经营业绩考核和薪酬管理暂行办法》《广州市文化广电新闻出版局主要职责内设机构和人员编制规定》等一系列政策文件，初步建立起国有经营性文化资产运行和管理机制。

其次，媒体与经营“两分开”。广州日报社、广州广播电视台等市属媒体建立采编与经营独立运作、相互促进的新型管理体制，做大做强主流媒体的事业发展能力和传播能力。2010年8月，广州电台和广州电视台合并重组为广州广播电视台，同年12月剥离经营性资产组建广州广电传媒集团有限公司，实现制播分离改革的重大突破。目前广州广播电视台旗下拥有9个电视频道、4个广播频道和1个网络频道，覆盖全广州及珠三角广大地区，收视听人口近6000万，成为中国城市主流媒体中的佼佼者。广州广电传媒集团有限公司，通过集团化运营，打造成集广播电视台节目制作经营、新媒体运营服务，以及传媒相关业务于一体的广州文化产业旗舰，为文化企业跨媒体、跨行业、跨地区、跨所有制发展创造条件。下属企业还包括广州珠江数码集团股份有限公司、广州影视传媒有限公司、广州珠江移动多媒体信息有限公司等。[①]

二、激发文化市场的发展活力

现代文化市场建设，是文化产业发展的重要内容。文化产品市场是消费者选择和购买文化产品的重要窗口和平台，是扩大文化消费的关键环节，只有大力促进文化市场活跃，才能把群众喜闻乐见的文化产品快速通畅地送给消费者。改革开放40年来，广州不断健全和完善文化市场

①广州市文化广电新闻出版局网站：http//www.xwgd.gov.cn。

体系，促进文化产品生产，扩大文化消费内需，引导文化产品外销，努力形成推动文化产业发展的市场效应。

（一）推进文化经营多元化

推进文化经营的多元化，不断创新文化生产走向市场的产业化进程。

一是创新中国文化产业化、集团化的发展模式。在文化体制改革中，广州对经营性文化企业单位加快了转制为规范公司制企业的力度，对文化资源、文化产业结构进行了全面调整优化配置，整合重组，使之形成竞争力强的文化产业集团。传统文化行业如广电、出版、报业、演艺等纷纷打破地区和行政限制，通过兼并、联合、重组、参股等资源整合形式，提升企业运行效率，做大做强文化企业，陆续实现产业联合，实现跨行业、跨媒体、跨地区发展，成立了若干个以广州为基础，辐射国内外的大型传媒集团。2004年，整合广州交响乐团、星海音乐厅，组建具有较强影响力和竞争力的大型演出公司——广东星海演艺集团，开创了“团厅合一、产销一体、一个集团、多种体制”的文化产业新模式。2008年整合省直广电、珠江电影制片厂等影视产业，组建了集影视制作、发行、放映于一体的珠江电影集团。

二是尝试文化产业的现代企业治理模式。长期以来，我国大多数经营性文化事业单位都采用“事业企业双轨制”的管理。随着文化体制改革快速向纵深推进，这种“事业企业双轨制”管理的运营模式引发了一些共性的问题。以报业集团为例，由于报业集团属于事业性质，不是独立经营的市场主体，市场运行效率低下，有的集团只是形式上的拼合，存在着统多分少的局面。因此针对“事业单位企业化管理”模式存在的弊病，以传媒集团为代表的传媒行业创立了集团党委领导与法人治理结构相结合的领导体制。实行宣传与经营“两分开”。剥离广州报业传媒集团所属经营性部门和资产，集团下属的报刊社分别成立经营公司，实行“一媒体一公司”的经营方式和以各报刊、各企业为责任主体的“有统有分、统分结合”的经营管理模式，创造了以“媒体多品牌战略”“报系结构”为集团理念的现代企业制度，有效促进了广州市报刊业的快速发展，成为广州市文化产业发展的龙头之一。

三是对国有文化企业启动股份制改造，在转企改制的同时，采用股份制改造等方式，扩大融资渠道，实现投资主体多元化，促使国有文化资产保值增值，从而夯实国有文化企业的长远发展基础。2007年11月，广州利用资本市场的融资功能，推动粤传媒整体上市，首开全国报业集团经营性资产整体上市的先河。2008年，新组建的珠江电影集团，积极吸纳社会资本和外资，建立出资人制度，改写了政府是投资主体的旧机制，实现了投资主体的多元化。一大批文化企业如广州珠江钢琴集团股份有限公司等纷纷在深圳股票交易所挂牌上市。它们的成功上市，对国有文化企业充分利用国内外资本市场、拓展文化产业投融资渠道、实现投资主体多元化具有重要的示范效应。

（二）促进文化与金融融合

文化与金融的融合是指金融各主体（银行业、证券业、保险业、金融机构，以及创业投资等）与文化各主体（出版业、影视业、音乐戏剧、绘画雕塑业、网络游戏业、民间文化业、新媒体传播业等）平等协商，共创互赢，即通过创新引导和促进各类资本创新金融产品，搭建平台，完善服务模式，实现文化创新链条与金融资本链条的有机结合，为不同发展阶段的文化企业提供融资支持和金融服务。一直以来因为文化产业轻资产的属性，我国文化产业投融资体系结构还不尽合理，文化企业发展主要依靠自有资金和社会资本的投入，金融对文化企业的融资支持比较有限。这一局面的产生不仅有文化产业特殊性原因，也有缺乏金融有效支持等原因。金融是现代经济的核心，深入推进文化金融合作研究深度对接，对于激发广州文化产业活力、推动广州文化大发展具有重要意义。

2014年3月25日，文化部、中国人民银行、财政部联合出台了《关于深入推进文化金融合作的意见》，从文化和金融合作的角度来推动文化产业发展，使其逐步成为国民经济支柱产业。该文件指出，要探索创建文化金融合作试验区，引导私募股权投资基金、创业投资基金等各类投资机构投资文化产业。支持文化产业通过资本市场上市融资、再融资和并购重组。党的十八届三中全会也提出建立多层次文化产品和要素市场，鼓励金融资本、社会资本、文化资源相结合。

一直以来，广东省都比较重视文化产业的发展。2014年，广东省文化厅等十部门联合发布《关于贯彻落实深入推进文化金融合作的实施意见》，该文件的发布旨在促进文化与金融的深度融合，以推动文化产业发展成为支柱性产业。广州市政府也出台相关政策，促进文化产业发展。如：2006年出台了《广州市进一步扶持软件和动漫产业发展的若干规定》《关于加快软件和动漫产业发展的意见》，2007年出台了《广州市重点软件和动漫企业认定管理暂行办法》《广州市软件和动漫产业发展资金管理暂行办法》。这些政策在实施过程中，对广州市软件和动漫产业的发展起到了积极的推动作用。2016年4月，广州市政府印发《广州市构建现代金融服务体系三年行动计划（2016—2018年）》，明确提出要大力发展文化股权投资市场，引导保险资金、券商资金、信托资金、合格机构投资者等在广州设立文化创意产业投资基金。2017年4月，广州市金融工作局、中共广州市委宣传部、广州市文化广电新闻出版局、广州市财政局、广州市商务委员会、广州市知识产权局联合出台《广州市推进文化金融融合发展的实施意见》，提出设立广州市文化金融服务中心，在政策引导、项目对接、信息服务、信用增进、人才培养、资金支持等方面，为文化企业和金融机构提供专业服务。2017年11月，广州市文化金融服务中心（全称“广州市文化金融服务中心有限公司”）完成注册，是广州市政府批准设立的专业文化金融服务机构，由广东广州日报传媒股份有限公司、广东省绿色金融控股集团等共同发起，设立地点在花都国家级绿色金融改革试验区。

为了适应“文化+金融”的发展趋势，响应文化部“十三五”规划和广州市政府《广州市构建现代金融服务体系三年行动计划（2016—2018年）》，2017年9月12日，广州市城发投资基金管理有限公司（以下简称“城发基金”）作为主要发起人，联合市属全资国有企业共同出资设立广州文化产业投资基金。该基金类型为有限合伙制企业，由城发基金和市属国有全资企业担任有限合伙人，基金总规模为100亿元，将主要参与文化及相关领域企业的重组、改制、上市及并购，帮助企业整合资源，打造行业龙头企业，投资范围包括但不限于新闻出版发行服务、广播电视电影服务、文化艺术服务等文化及其相关产业，以及文化与金融、文化与科技等融合型文化产业。在收益分配方式方面，该基金将按“先偿还本金后分配收益”原则分配收益，如基金整体收益率未超过8%（单利）时，基金收益应全部分配给有限合伙人，若基金整体收益率超过8%，超额收益部分由普通合伙人和有限合伙人按比例2∶8分配。

为落实国家推进文化与金融融合发展的要求，进一步提升广州创新能力及创新环境，2017年12月2日，由广州市文化广电新闻出版局、广州股权交易中心与广州市文化金融服务中心有限公司共同成立的“广州文化创意企业板”（以下简称“文创板”）正式开板。文创板通过发挥政府文化、广播、广电、宣传、新闻、出版企业主管部门的政策资源优势和区域性股权市场的综合金融服务功能，营造良好的创新创业环境，集中优质资源为全市优秀文化创意企业在企业规范、融资服务等多方面给予支持，推动全市文化创意企业利用多层次资本市场融资发展，探索具有广州特色的支持文化创意企业创新发展、做强做大的文化金融创新模式。文创板设立的目标是2018年实现100家以上企业挂牌，同时实现5亿元以上的融资（包括股权和债权）；到2020年实现500家企业挂牌，实现融资50亿元，重点培育50家企业转板到高层次资本市场，主要方向是新三板和创业板。

（三）促进文化与科技融合

20世纪末到21世纪初，以数字技术、网络技术和移动技术为代表的高新科技快速发展，为文化产业提供了广阔的发展空间，也为文化发展带来了根本性的变革，文化与科技融合在全球愈演愈烈。文化和科技融合，使得生产生活的跨界应用日益多样化。可以说科技因素已成为现代文化产品的重要组成部分，正越来越广泛而深入地渗透到文化产品的内容、创作、生产、传播、消费、管理等各个环节。文化与科技的融合深刻影响着经济社会的发展进步。

2011年，《中共中央关于深化文化体制改革推动社会主义文化大发展大繁荣若干重大问题的决定》提出了文化和科技相互作用、重大文化科技项目纳入国家科技发展规划的思路。《文化部“十二五”时期文化产业倍增计划》《国家“十二五”时期文化改革发展规划纲要》《国家文化科技创新工程纲要》《文化部“十二五”文化科技发展规划》《关于推动传统媒体和新兴媒体融合发展的指导意见》《关于推动新闻出版业数字化转型升级的指导意见》等一系列文件都强化了文化与科技融合的发展理念，确立了文化与科技融合的战略思想，加大了对文化与科技融合的支持力度。在相关政策指导下，2013年启动中央出版企业数字化转型升级项目，先后认定了两批国家级文化和科技融合示范基地。2015年全国“两会”上，提出了“互联网+”行动计划，“互联网+”战略已升至国家战略。

2011年，广东省出台了《关于加快珠江三角洲地区文化创意产业发展的指导意见》，提出了“文化加科技”的发展模式。2012年，《广东省文化产业振兴规划（2011—2015年）》提出了借助科技创新完成文化生产、传播方式创新，推动传统文化产业转型升级，大力拓展文化产业新业态，使之成为文化产业新的增长点。2013年，专门出台了《关于促进我省文化与科技融合发展的意见》，提出广东省实施科技带动战略，为实施文化与科技融合战略提出了六项重要任务和六大重点工程，并提出加强用地保障、加大财政扶持等多项保障措施。

为推动文化与科技融合发展，广州市先后出台了一系列政策措施。总体上可以看出，随着文化与科技深度融合发展态势的不断明晰化，广州市政府对文化与科技的发展的重要性和紧迫性的认识在不断加强，对文化与科技融合发展实践指导的针对性和有效性也在不断提高。2009年，《广州市建设现代产业体系规划纲要（2009—2015年）》确立文化创意是发展重点之一，提出以“创意为核心、文化为灵魂、科技为支撑”的方针，重点发展文化、研发、设计等领域创意产业，巩固和提升网络动漫产业全国领先地位，把文化创意产业打造成为现代服务业的重要支柱。2009年，《中共广州市委　广州市人民政府关于加快“信息广州”建设的意见》提出了“跨越式发展信息产业”“大力发展网络文化产业”等意见。

2011年，《广州建设文化强市培育世界文化名城规划纲要（2011—

2020年）》明确提出“促进文化与现代科技融合”，强调要运用高新技术手段做大做强传统优势产业、做强广告业、提升文化设备制造业，建设“网游动漫之都”，促进文化、科技和经济的高度融合，推动建设“数字家庭”，把新媒体产业培育成为全市文化产业的重要增长极等。这标志着广州对文化与科技融合发展的战略设计和整体布局已经确立。2012年至今，广州陆续出台了《中共广州市委　广州市人民政府关于培育世界文化名城的实施意见》《广州市战略性新兴产业发展规划》《中共广州市委　广州市人民政府关于推进科技创新工程的实施意见》《广州市加快移动互联网产业发展的意见》《广州市科技创新促进条例》《广州市科学技术奖励办法》《广州市人民政府办公厅关于全市电子商务与移动互联网集聚区总体规划布局的意见》《广州市企业研发经费投入后补助实施方案》《广州市人民政府关于加强专利创造工作的意见》等一系列文件，对促进文化与科技融合发展从发展重点、产业集群、项目抓手、政策扶持措施、研发经费投入、融资创新、专利权质押等方面作出了明确的政策安排。已经取得的主要成果，主要体现在以下方面：

——文化科技产业发展迅速，部分技术在国内处于领先水平。近年来，广州市文化企业科技创新热情不断高涨，科技创新活动十分活跃。“文化加科技”已成为广州市推动文化繁荣和科技创新的一大亮点。在广东省2015年公布的高新技术企业名单中，广州市高新技术文化企业达到296家，全省排名第一。广州作为全国第三大互联网城市，互联网和移动互联网企业快速发展，在网游动漫新媒体等文化新兴领域领跑全国。2015年，全市规模以上电子产品制造业产值2789亿元，增长20.6%。国家超级计算广州中心、8.5代液晶面板、芯片等重大产业项目、重点工程建设有序推进，“天河二号”超级计算机连续多次获世界500强第一名。科技部、中宣部、文化部、国家新闻出版广电总局四部门联合下发《关于认定第二批国家级文化和科技融合示范基地的通知》，广州高新区等18个企业园区被认定为第二批国家级文化科技融合示范基地，广州是全省列入示范基地的唯一城市。广州高新区是国家电子信息产业基地，天河科技园被授予“国家火炬计划软件产业基地”“国家软件出口创新基地”“国家网络游戏动漫产业发展基地”等称号，重点发展软件、通信、数字内容产业。以现代信息服务业为主的黄花岗科技园荣获“广州高新技术产业示范基地”“国家信息服务业示范园”“广东省版权兴业示范基地”等称号。广州已经成为全国互联网产业创新发展高地，网站数量、手机拥有量、上网人数等在全国都排名第一。据2014年5月腾讯开放平台发布的“2014年中国城市互联网创新创业排行榜”，广州在全国城市中排名第二，仅次于北京。

——培育出一批带动能力强的骨干文化科技企业。广州已培育出一批具备较强研发能力与创意能力、拥有自主品牌产品、带动能力强的本土骨干文化科技企业，如网易、奥飞动漫、原创动力、漫友文化、京信通信、海格通信、多益网络、欢聚时代、酷狗、毅昌科技、励丰文化科技等。网易一直在网络游戏的自主研发领域处于行业前列，拥有我国规模最大的网游自主研发团队。奥飞动漫、原创动力、漫友文化、艺洲人、咏声等被认定为国家重点动漫企业，其中漫友文化是国内唯一一家集创意、研发、制造、体验、培训、销售全产业链覆盖的专业化、集团化的文化科技型企业。中国人民大学发布的“2014年中国文化企业竞争力排行榜”中，动漫行业榜首位置是奥飞动漫，励丰文化科技是北京奥运会开、闭幕式文艺演出灯光显示的主要设计者和提供商。欢聚时代是文化部“首批网络演出试点单位”，目前注册用户数已达到7.7亿，月活跃用户达1亿。多益网络在网络游戏自主研发和自主运营方面保持业内领先水平，在国家产业服务平台“创新2014”年终评选中获得“2014年度中国最具影响力品牌奖”。

——树立了一批影响力较大的文化创意品牌。广州已树立了一批具有较大影响力的文化创意品牌。网易原创《梦幻西游》荣获“十大最受欢迎的网络游戏”和“十大最受欢迎的民族网络游戏”称号。原创动力创作的《喜羊羊与灰太狼》获得第13届华表奖优秀国产动画片奖这一中国电影最高荣誉和中宣部“五个一工程”优秀作品奖。“喜羊羊”“猪猪侠”等已经成为具有相当高知名度的优秀动漫形象。《漫友》是我国最具品牌价值的漫画杂志，该杂志社创办了华语动漫金龙奖。

——发明了一批文化与科技融合的关键技术。广州市重点支持软件动漫、电子信息、移动互联网等战略性新兴产业关键技术研发，自主创新产品产业化步伐不断加快。经过多年的发展，已经形成了数字和网络的技术基础及强大的应用优势，为文化与科技的融合、快速发展提供了有力支撑。目前，高清晰大屏幕显示技术、广州市移动通信天线等在全国处于领先水平。京信通信研制的“新一代移动通信无线覆盖与传输新型整体解决方案及配套产品”规模位居全国第一、全球第三。网易、珠江钢琴集团、励丰文化科技、欧科地理等企业也都在大力开展自主研发和自主创新，在关键性的技术方面已经逐步形成了自身优势，有力支撑了企业的文化科技融合发展。

——文化科技融合产业结构日趋合理。目前，广州市逐步形成以新媒体产业为先导，数字化、网络化技术支撑实现升级换代融合发展的传统文化内容产业，以及新技术新材料和新工艺支持的文化用品生产的文化科技融合发展产业结构。①

①方东：《广州市文化与科技融合发展研究报告》，见徐咏虹主编《广州文化创意产业发展报告（2016）》，社会科学文献出版社2016年版，第174页。

（四）提高市民文化消费水平

文化消费是指对精神文化类产品及精神文化性劳务的拥有、欣赏、享受和使用等，其实质是对社会及他人所提供的精神财富的消耗，这种消耗过程又是精神财富的消化、继承、积蓄、再造和创新过程。文化消费是一种文化体验、情感享受、精神满足和发展追求，也与对社会关系、社会地位的追求相关。在广州市经济整体迅速发展的大环境下，广州市城镇居民收入水涨船高，文化消费水平也大幅提高，消费结构不断调整。2016年7月7日，文化部办公厅公布了26家中国第一批国家文化消费试点城市，广州市名列其中，表明广州已成为全国文化消费最有活力、消费需求最旺盛的城市之一。

——娱乐文化用品及服务居民消费价格指数。这是反映居民家庭购买娱乐教育文化用品项目费用价格变动趋势和程度的相对数。广州市统计局数据显示，2006—2015年娱乐文化用品及服务居民消费价格指数呈现波动状态，2015年比2014年上升4.3个百分点，2014年比2013年下降1.9个百分点。

——城市居民家庭人均文化娱乐消费。2011年，广州城镇居民人均文化娱乐消费支出4991.2元，是广东省平均水平的1.88倍。从文化消费的形势来看，网络视频、网络电影、网络动漫、网络游戏、网络文学、微电影等新兴文化消费形式在广州不断涌现。广州电影院线发达、电影消费旺盛，2012年广州市电影票房收入达7.76亿元，占全省票房收入的32.7%，仅次于北京、上海，排在全国第三位。2013年，广州城市居民家庭人均文化娱乐消费支出为4749元，比2012年增长728元，增幅达18.1%。2014年，广州城市居民家庭人均文化娱乐消费支出为2987元，由于统计口径的变化，比2013年减少1762元，但仍然处于各大城市首位，为全国平均水平的2.75倍。2015年，广州市城市居民家庭人均文化娱乐消费支出3281.41元，占城市居民家庭人均消费性支出比重为9.2%，其中文化娱乐服务消费支出占比为76.1%，文化娱乐用品占比23.9%，这说明广州市城市居民的文化消费主要是精神层面的，以服务消费为主。以电影消费为例，2015年，广州电影总票房为18.6亿元（同比大增45%），仅次于北京、上海，位列全国第三名，并首次超过香港。2016年，广州城市居民家庭人均文化娱乐消费支出为4991元，占城市家庭人均消费支出比重为13.1%，超过了北京、上海、深圳等城市，位列全国第一。

——农村居民家庭人均文教娱乐消费支出。2011—2014年广州农村居民家庭人均文化消费娱乐支出分别为1036.91元、1133.41元、1230.11元、1396.44元。2015年广州农村居民家庭人均文教娱乐消费支出为1481.79元，比上年增加了85.35元，占农村居民家庭人均生活消费支出总额的10.9%，比上年降低了0.1个百分点。2016年广州农村居民家庭人均文教娱乐消费支出为1569.31元，比上年增加了87.52元。

——不同收入家庭对文化消费支出的影响。广州城市居民家庭人均文化娱乐消费支出占消费性支出的比重随着收入的增长而增长，高收入户居民家庭人均文化娱乐消费支出明显高很多，比中等偏上收入户高出2155.3元，为低收入家庭人均文化娱乐消费支出的5.4倍，人均文教娱乐消费支出占比从低收入的5.6%增长到高收入的11.4%。按收入划分，农村居民家庭人均文教娱乐消费支出比重与城市显示出不同的变化特征，呈现V形特征分布；中等偏下收入户和中等收入户家庭人均文教娱乐消费支出比重比低收入户家庭人均文教娱乐消费支出比重低，高收入户人均文教娱乐消费支出比较高。[①]

①尹涛、杨代友、李明充：《2016年广州市文化产业发展形势分析与2017年展望》，见徐咏虹主编《广州文化创意产业发展报告（2017）》，社会科学文献出版社2017年版，第7页。

人均文化消费支出包含了真正的文化支出和旅游支出，这个数字很大一部分是旅游支出。随着高铁经济带的形成，高铁文化圈也随之发展，广州成了一个更大地区的核心城市，很多文化设施都优于周围的城市，例如大剧院、博物馆（纪念馆）和图书馆等。但是内容创作、文化产品的供给都略显不足，文化产品的质量、多样性和个性化比较弱，文化创意产业潜力巨大。

广州大学广州发展研究院、广州市蓝皮书研究会发布的《2018年中国广州文化发展报告》显示，广州文化消费呈逐年扩大趋势，人均文化消费水平在全国处于前列。2017年，北京、上海、深圳的城镇居民人均文化消费分别为4055元、4534元和3092元，分别占人均消费性支出的10.5%、11.3%和8.4%。广州的同期数据为5040元、13.1%，在文化消费金额与占总消费性支出的比例上均超过北京、上海、深圳，在全国一线城市中位居前列。

三、推动文化产业发展与繁荣

文化产业已经成为21世纪的朝阳产业，文化创意产业风靡世界，逐渐改变了传统产业结构的格局，打破了人们对经济发展的思维定势，激发了主要经济体的探索实践，从而开启了创意产业发展的新时代。广州文化产业已经成为新的经济增长点和支柱性产业之一，在经济转型和产业结构优化升级中充分发挥了战略带动和牵引的作用。

（一）发展文化创意产业

改革开放40年来，伴随着思想解放和经济腾飞，广州文化产业异军突起、迅猛发展，成为文化建设中的一道亮丽的风景线。回顾40年来，广州文化产业的发展历程大致可分为三个阶段。

1. 萌芽阶段（1978—1997年）

在改革开放春风的吹拂下，1979年，广州市东方宾馆开设了国内第一家营业性质的音乐茶座。歌舞娱乐业悄然兴起，文化市场初具雏形，文化产业在夹缝中艰难地萌芽。1993年11月，文化部提出“发展文化产业”的命题，文化产业建设渐渐引起社会和理论界的关注，文化系统已由“以文补文”“以文养文”逐步转入产业发展的轨道。

2. 起步阶段（1998—2005年）

根据文化建设的需要，1998年，文化部进行了机构改革，在机关编制和人员大幅缩减的情况下，建立了文化产业司。这一重大举措，在社会上引起了强烈的反响，标志着中国文化产业由民间自发发展阶段进入政府致力推动的新时期。

1998年，广州市的文化体制改革工作迈出了坚实的一步，大型文化企业开始出现，新的文化企业管理方式逐步深入人心，吸引着外地文化企业竞相效仿学习。从全国来看，在文化创意方面，广州市的先发优势一直相当明显。为促进文化产业的长远发展，广州市逐步着手进行各种规划。

1998年12月，广州市在宣传工作会议上，提出要建立与社会主义市场经济相适应的宣传文化事业管理体制和经营机制，建立统一、开放、有序的社会主义文化市场体系，要确保政府对文化事业的必要投入，形成政府投入、自我积累和与市场配置相结合的文化投资新机制。2001年8月，广州市第六次文化发展战略研讨会提出将广州建成华南地区的文化中心和国际文化交流中心，提升广州市的文化品位。广州市政府加大文化产业的投入力度，争取至2005年广州市文化产业的总收入翻两番，从2000年的150亿元增加到600亿元。当年8月，广州还隆重举办了发展软件产业大会，热烈庆祝天河软件园作为广东省唯一入选国家级十大软件产业基地的软件产业园区。这一事件被视为广州软件产业和信息化建设领域具有里程碑意义的一次盛会，标志着广州市软件产业和高新技术产业发展进入一个新的阶段。2002年，中共广东省委、广东省政府在广东省九届二次全会上提出要大力加强文化软实力建设，将广东省打造成文化强省。广州市积极响应，提出了文化强市的发展计划。

由于文化创意产业属于新兴产业，在实际工作中只能采取边探索边总结的发展方式，该产业的规划基本以宏观为主。具体内容可以通过《广州市文化建设规划纲要（2004—2010年）》《广州市国民经济和社会发展十一五规划纲要》《广州市文化产业十一五规划》《广州市文化发展十一五规划》《广州新闻出版广播电视业2003—2010年发展规划》等体现出来。

广州各级部门出台的这些文件，从广州的区位优势、历史文化资源状况、产业布局特点出发，对文化产业发展的指导思想、发展目标、发展战略、重点行业空间布局以及产业链构成，作出了明确的规划。核心内容包括四个方面：第一，文化创意产业的发展目标为提高文化产业对国民经济增长的贡献率，逐步培养其成为新的经济增长点和支柱产业。具体目标包括优化产业结构、扩大消费需求、调整产业布局、完善市场体系、增强城市文化产业集聚功能和区域辐射范围。第二，文化创意产业发展战略确定了创新引领、集群发展、品牌提升、城乡协同、区域联动以及与国际接轨的外向型六大发展战略。第三，重点发展的产业门类有报刊、广播影视、出版发行、音像、演出娱乐、工艺美术、文化旅游、会展、网游动漫、创意设计、广告、信息服务、教育、体育等行业。通过推动信息技术与文化产业融合，改造传统文化创作、生产和传播方式，延伸文化产业链，形成主导产业突出、相关产业联动发展的现代文化产业体系。第四，文化创意产业规划空间布局方面，明确规定发挥区域比较优势，依据中心城区、副中心区、中心镇、乡村的圈层梯级式发展，着力建设中心区文化产业集聚区，培育新城区文化产业增长极，最终形成“一核集聚、三轴拓展、五城辐射、多点支撑”的产业发展格局。

2003年2月28日，广州市人民政府发布《关于加快广州文化事业发展若干政策的意见》，提出了一系列实质性的举措，比如，“进一步放开个体、私营企业、民营企业、外资等非国有经济成分进入文化产业的领域。对非国有经济投资的文化产业项目和建设的文化场馆，在市场准入、土地征用、税收、信贷、上市融资等方面按国家有关规定实行与国有文化企业同等的政策待遇；对国有自收自支营业性的文化事业单位进行规范的公司制改革，建立产权明晰、权责明确、政企分开、管理科学的现代企业制度；积极引导中小文化企业采取改组、联合、兼并、租赁、承包、经营、托管、出售等多种形式进行产权制度和经营机制改革，促进一批中小型文化企业向专业化集约化经营发展；积极为国有自收自支盈利性文化事业单位改制创造有利条件。国有自收自支盈利性文化事业单位改制为企业，在国有资产、土地使用权的处置、人员的安置及经费补偿方面，参照现行国有企业改革的有关政策规定执行；鼓励和扶持文化中介机构的发展；充分发挥政府对文化产业的引导和带动作用。在加快发展服务业的引导资金中安排一定的资金，用于国家鼓励发展的文化产业建设项目的贴息或补助。”这一文件的推出，可以看作是广州大力推进文化产业的破冰之举。

这一时期广州的文化产业发展较快。据统计：1999年，广州市拥有文化产业单位2579个（未包括旅游），从业人员14.91万人，营业总收入154.95亿元（未包括旅游）。2005年，中共广州市委、广州市政府提出要加大力度发展创意及数字产业内容，将广州打造成为“创意之城”。

广州作为广东省的省会和华南的最大城市，具有凭借其深厚的岭南文化底蕴、便利的交通设施、毗邻国际化都市香港等优势，亟须大力发展文化创意产业，使该产业日益成为广州市的重要战略产业。广州文化创意龙头产业——动漫网游产业的总产值已达18亿元；领取了动漫制作许可证的民营企业达13家。2005年，广州服务业增加值占全市生产总值的56.86%，占生产总值的一半以上，其中文化创意产业中的服务业进步尤其明显。

3. 加速发展阶段（2006年至今）

2007年，党的十七大从中国特色社会主义建设总体布局出发，把大力发展文化产业作为推动文化产业大发展大繁荣、兴起社会主义文化建设新高潮的战略选择之一，并将“文化产业占国民经济比重明显提高、国际竞争力显著增强，适应人民需要的文化产品更加丰富”列入全面建设小康社会的奋斗目标，进一步提升了文化产业的战略地位。

2006年，被称为“中国文化创意产业元年”。由于当年9月，《国家“十一五”时期文化产业发展规划纲要》正式发布，该纲要中“文化创意产业”这一新兴产业概念第一次以国家纲领性文件的形式获得认可。从2006年起，国内主要城市如北京、上海、深圳等地纷纷提出了大力发展文化创意产业的计划，发布了文化创意产业分类细目或相关产业发展规划，出台了一系列支持文化创意产业发展的法律法规。2006年，广州市政府出台了《广州市国民经济和社会发展十一五规划纲要》。该纲要提出要“大力发展创意及数字内容产业”，广州市委、市政府领导提出要像抓汽车产业一样予以优先重视。强调要以建设广州国家网络游戏动漫产业发展基地为契机，以网络游戏、动漫开发和数字影视娱乐产业为龙头，建设网络游戏综合开发平台、动漫设计制作平台，以及网游动漫产业的测试、展示与交流平台，使广州成为华南地区数字内容产业关键共性技术的开发运营中心。要积极推动传统信息资源的数字化进程，大力发展工业设计、建筑设计、广告设计、时尚设计等创意产业，加强创意设计与市场消费之间的结合，提供产品体验，促进网游、动漫、数字影视和玩具产业链的融合，形成综合性的数字娱乐产业示范基地。

在广州市委、市政府的积极推动下，自2006年起广州文化创意产业获得了较为迅速的发展，初步建立起以动漫画制作、手机游戏设计、软件开发与服务、网络音乐创意创作、时尚设计、数字电视等为主导的文化创意产业体系。2006年，广州市政府在《广州市现代服务业发展“十一五”规划》中提出：在“十一五”期间，广州要实现全市网游动漫产业年均45%的增长，2010年产值约达到70亿元，培养约10家年销售收入超亿元的网游动漫骨干企业。在软件方面，广州市也予以大力支持，广州市政府制定了《广州关于加快软件和动漫产业发展的意见》和《广州市进一步扶持软件和动漫产业发展的若干规定》，确定从2007年起五年内，每年安排1.5亿元资金，设立广州市软件和动漫产业发展资金，努力把软件业培育成广州新的支柱产业。同时，广州市政府有关部门还推出一些鼓励原创的政策，如设立原创基金，重奖原创优秀作品等。

根据《中国广州创意产业发展报告（2010）》的数据显示：2009年底，广州共有文化产业法人单位1.88万个，从业人员48.11万人，全年实现营业收入2080.43亿元。文化产业实现增加值719.35亿元，同比增长20.8%，文化产业增加值占地区总产值的比重仅次于北京，位居全国大城市第二位。2010年，广州市人均产值已经达到了11 695万美元，第三产业增加值占地区生产总值比例已经超过了60%，这一格局为文化创意产业的发展提供了良好的基础。2010年，广州市文化产业从业人员总数为48.68万人，约占全市各产业就业总人数的6.2%；2010年，广州市拥有文化产业法人单位19 743个，约占全省文化产业法人单位总数的22%。[①]

2011年10月，为扩大广州文化创意产业的影响力，中国（广州）文化创意博览会在广州开幕。这次博览会为企业提供了一个集文化创意理念、作品、技术、开发和应用等产业链环节于一体的品牌展示平台。广州文化创意产业发展迅猛，在国民经济中所处的地位不断提高，呈现向中心城区聚集、园区建设加快、龙头企业实力增强、文化创意品牌不断涌现和平台建设初见成效的特点。2011年8月，广州市政府主持召开了广州市战略性主导产业发展专家座谈会，确定了包括“文化产业”在内的15类重点发展产业。同时，广州出台《广州市文化产业发展规划》，计划用5年时间基本形成完善的文化产业市场体系及文化产业发展配套政策和管理机制，重点培养一大批骨干企业，以市场机制推动文化产业做强做大，促进与高新技术相结合的新文化业态长足发展，形成差异化发展、互为支撑、布局合理的文化产业集群，力争2015年打造20～30个较有影响力的文化产业示范园区。

根据广州市社科院产业所的统计：2012年，广州市实现文化产业增加值631.49亿元，占地区生产总值比重为4.7%。全市文化产业法人单位22 686个，从业人员26.14万人。2013年，广州市实现文化产业增加值720.01亿元，占地区生产总值的比重为4.67%，文化产业保持良好的发展态势。2014年，广州文化产业实现增加值849.34亿元，占地区生产总值比例达到5.08%，首次迈入广州市支柱性产业行列。2015年，全市文化产业增加值规模进一步扩大到933亿元，占地区生产总值比重提升到5.15%，文化产业的整体实力和市场竞争力日益提高。2016年，广州文化产业实现增加

①王晓玲、徐志彪：《中国广州创意产业发展报告（2010）》，社会科学文献出版社2010年版，第12页。

值1043亿元，占生产总值比重达5.28％，已经成为广州的支柱性产业。根据估算，2017年度广州市文化产业增加值约1100亿元，约占全市生产总值5.12%；按照文化创意产业口径统计，其增加值达到了2800亿元左右，占全市生产总值的比重进一步提升到13%，成为广州经济重要支柱性产业。①

2017年6月，广州市人民政府印发《广州市文化广电新闻出版事业发展第十三个五年规划（2016—2020年）》，提出要推动文化产业成为战略性支柱产业；积极培育文化产业新业态，促进文化与商贸、科技、金融、旅游、体育深度融合发展，繁荣文化消费市场，把文化产业发展成为战略性支柱产业；到2020年，全市文化及相关产业增加值占全市生产总值的比重达到8%，广州文化产业发展走在全国、全省前列，加快动漫游戏产业发展和电影产业发展扶持力度，打造动漫之都。

（二）兴办文化产业园区

文化产业园区建设是文化创意产业的重要组成部分，发挥的产能集聚效应，对产业发展具有深远的影响。就广州园区建设情况来看，1999年8月，广州市第一个国家级产业园区——天河产业园建立，成为广州市园区建设方面标志性的大事，拉开了广州文化创意产业园区大发展的序幕。此后，广州市文化产业园区建设快速起步，各类文化创意产业园区的规划、设计、立项建设不断加快，2006年前后，文化产业园区项目的规划、建设进入迅猛发展阶段。2008年，广州市委、市政府在《关于加快发展现代化服务业的决定》中又提出继续依托老城区实施“中调”和

①陆志强：《广州要建成中国最具竞争力和最有活力的“文化名城”》，光明网，2018年9月4日。

“退二进三”战略，要加快推进文化创意产业园区的建设，为文化创意产业搭建完善的公共服务平台。2008年，已经投入运营的创意产业园区有13家，在建的创意园区20家，批示待建的园区有7家，显示了强劲的发展势头。2009年，广州市文化创意产业园的集聚效应更加凸显，特色园区、特色街、特色基地成为规划建设的持续热点。如国家（广州）网络游戏动漫产业发展基地，广东文化创意产业园，黄花岗信息产业园，信义国际会馆，合润创意产业园，天河软件园，华创动漫产业园，广州设计港，海珠文化新城，文德路字画一条街，西关古玩一条街，等等。

至2016年，广州共有文化园区116个，其中国家级文化产业园区6个，省级10个，除此之外影响力较大的文化产业园区还有12个。这些园区主要包括文化创意和设计服务类园区、文化休闲娱乐类园区、文化用品的生产类园区、信息传输类园区、文化艺术服务类园区、新闻出版发行类园区、广播电视电影服务类园区、文化专用设备的生产类园区、文化用品生产的辅助生产类园区、工艺美术品生产类园区等。按统计数来看，最多的是文化创意和设计服务类园区，达51个，占43.9%；其次为文化休闲娱乐类和文化用品的生产类园区分别为14个和13个，占12.07%和11.21%；再次是信息传输类园区和文化艺术服务类园区各8个，占6.9%；最后是工艺美术品生产类园区，比较少，共2个，占1.72%。

广州近年来涌现出众多优秀文化创意产业园区，比如天河软件园、羊城创意产业园、华创动漫产业园等。天河软件园是广州市设立最早、经营最好的文化创意产业园区之一，可以看作是广州软件业发展的标杆。天河软件园在20世纪末曾享有与北京中关村齐名的声誉，业界称之为“北有北京中关村，南有天河软件园”。天河软件园的起步可追溯到天河科技园，天河科技园的前身是全国首批国家级高新技术产业开发区——广州天河高新技术产业开发区，是1988年6月经国家科学技术委员会和广东省人民政府批准成立的。1991年3月，经国务院批准为首批国家级高新技术产业开发区。1996年10月，广州实行“一区多园”的管理体制，将“广州天河高新技术产业开发区”改名为“广州高新技术产业开发区”，由广州科学城、广州天河科技园、黄花岗科技园和广州民营科技园组成。1999年8月，在政府的主导下，广州以天河科技园为基础，正式成立天河软件园。初期即拥有1400家各类软件企业，企业员工约8万人。1999年，天河软件园企业总产值已达到30亿元，约占全国同行业总值的1/10。2012年，天河软件园实现企业生产总值1058.1亿元，软件业务收入719.4亿元。至2014年，天河共有高新技术企业约470家，占全市的28.3%。其中年产值超亿元的有58家，上市科技企业39家，合计占有广州市近30%的高新技术产业产值。

羊城创意产业园：2007年由羊城晚报报业集团创建，位于广州市天河区黄埔大道中，占地面积17.1万平方米，建筑面积10.8万平方米。羊城创意产业园由原广州化学纤维厂旧厂房改造而成，是广东广州东部新城区中心地带的大型文化创意产业园区。2012年，羊城创意产业园被广州市政府划入广州国际金融城的扩展区范围。羊城创意产业园被文化部列入“国家文化产业示范基地”，也受到广东省和广州市政府的支持，被列入《广东省现代产业体系建设总体规划（2010—2015）》《广东省建设文化强省规划纲要（2011—2020年）》以及广东省重点建设项目、广东省现代产业500强项目等。市政府还把羊城创意产业园纳入《广州市国民经济和社会发展第十二个五年规划纲要》《广州市战略新兴产业发展规划》中给予优惠扶持，2014年，羊城创意产业园被评为广州市第一批重点文化产业园区。在业务发展方面，羊城创意产业园推行“文化+科技”双核心理念，致力于发展文化创意、移动互联和网络金融三大产业，推进“文化、科技、金融”创新紧密融合发展。现羊城创意产业园明星企业荟萃，包括了大批国内知名文化企业，如羊城晚报报业中心、酷狗音乐、华多科技、创业家黑马会、金山西山居、创新谷移动互联网孵化器、天闻角川动漫、滚石中央车站、华阳工程设计、景森工程设计、瀚华建筑设计、羊城设计联盟等100多家文化传媒、艺术设计、信息科技企业。羊城创意产业园发挥了很强的产业集群和孵化器功能，推动了众多文化企业的创新发展。据统计，2010年羊城创意产业园入驻企业总产值超过7亿元；2013年集聚效应更加显著，入园文化创意企业总产值实现了跨越式发展，一举超过50亿元；2014年园区企业产值达到70亿元。该园区以力争入园产业营收规模达到1000亿元，并将其打造成国内外具有重要影响力的新兴文化产业基地为定位目标。

华创动漫产业园：广东省和广州市的重点文化创意产业建设园区。成立于2010年1月，位于广州市番禺区石碁镇金山村，总占地面积约745 333平方米，总规划建筑面积达160万平方米，第一期总投资人民币80亿元，占地面积约272 000平方米，建筑面积40万平方米。至2012年入驻华创动漫产业园的中外企业已超过110家。华创动漫产业园成为当时全国最大的动漫产业园区和产业基地，也是番禺区重点项目、番禺区“百亿工程”五大亮点产业之一。华创动漫产业园在短暂的数年内，迅速发展成为中国乃至世界规划建设中的最大集游戏游艺创意、研发、生产、展销、旅游为一体的动漫产业基地，得到了广州市政府、番禺区政府的强有力的支持。

该园区的日常管理和运作由番禺区政府科技和信息化局会同广州华创动漫产业园有限公司共同承担，扶持和奖励资金在番禺区科技经费中解决。2010年4月，为推动动漫游戏企业自主创新，加快动漫游戏产业和动漫企业科技研发发展，广州市番禺区人民政府正式出台了为期三年的《关于促进广州华创动漫产业园科技研发孵化器发展的若干扶持措施》，在减免租金、创新成果奖励、贴息等方面给予政策上的支持。

（三）培育文化产业新业态

党的十九大报告提出，要“完善文化经济政策，培育新型文化业态”。文化产业新业态是指由于新技术的发展和运用而带来的在内容、生产方式、运营模式、表现形式等方面具有突破性创新的文化产业形态。大力发展文化产业新业态是广州培育文化产业新增长点、建设世界文化名城的重要途径。

2014年，广州市政府制定《关于促进广州市服务业新业态发展的若干措施》扶持新业态的发展。同时充分借助信息技术，推动文化与科技、金融等产业融合发展，使文化产业新业态发展加快。

1. 文化产业新业态门类不断增多

广州作为历史文化名城、国家中心城市、广东省省会，是一个具有相当包容性的城市，这给文化产业新业态的发展提供了足够的成长空间和机会。文化产业许多新业态在这里产生，如微信、手机门户网站等。目前广州市文化产业新业态的体系日趋完善，已经聚集数字出版、移动互联网、网游、动漫、新媒体、创意设计等众多门类的企业，并且在不少领域取得了全国领先的地位。

2. 文化产业新业态占比优势明显

据统计，在文化产业十大行业中，文化创意和设计服务、文化信息传输服务、文化休闲娱乐服务等新业态在法人单位、从业人数、固定资产等指标上占全部文化产业的较大比重。比如从法人单位数来看，文化创意和设计服务业的企业数占全部文化产业数的41.6%，居十大行业首位；从从业人数来看，文化创意和设计服务从业人员数占全部文化产业从业人员数的24.2%，仅次于文化用品的生产行业，居第二位；从固定资产投资来看，文化创意和设计服务、文化休闲娱乐服务等三大文化产业新业态的固定资产投资占全部文化产业的54.8%。文化产业新业态已成为文化产业投资中最具有吸引力的领域。

3. 新媒体产业蓬勃发展

在新媒体领域，UC（优视科技）始终以卓越的市场前瞻力和技术创新力推动着中国移动互联网领域的发展进程，UC浏览器全球下载量突破15亿次，用户月使用量超过1600亿，拥有超过4亿用户。在安卓平台的活跃用户数突破1亿，成为安卓平台上全球首个用户过亿的第三方浏览器。腾讯公司广州研发部开发的技术通信工具微信，其一对一的沟通方式，填补了微博一对多传播的沟通空白，前景非常广阔，全球微信使用客户已突破10亿。另外，超级课程表、口袋兼职、兼职猫等一批“90后”的新生代创办的文化企业，也具有了很好的发展前景。[①]

4. 微文化兴起与扩容

广州互联网普及率已达78.4%，广州网民平均每周上网近20小时，在五大国家中心城市中居首位。信息技术与多样化的大众文化需求密切对接，推动了微博、微信、微电影、微视频、微广告、微公益在内的微文化的发展。微文化作为新兴的文化形态，起源于微博的风靡流行，成熟于微信、微小说、微电影、微视频、微公益的广泛普及，是互联网时代的社会文化发展的一个分支和一种样态。广州微文化的表现多样，文化参与群体庞大。

除了文化与信息融合的媒体新业态的发展，文化与体育融合的休闲新业态、文化与购物融合商贸新业态、文化工业融合的服务新业态等也

---

①杨代友等：《广州加快培育文化产业新业态的对策研究》，见徐咏虹主编《广州文化创意产业发展报告（2016）》，社会科学文献出版社2016年版，第61页。

都正在形成。

（四）构建现代文化产业体系

广州文化产业在经过了“十二五”时期的迅速发展之后，“十三五”时期其发展将迈进全面升级的新阶段，而在这一过程中构建现代文化产业体系的作用与独特优势不容忽视，通过现代文化产业体系的构建来实现对文化产业发展的全面统筹以期实现更好的发展是必经之路。

2011—2015年是“十二五”规划发展的5年。2011年8月，广州市政府召开广州市战略性主导产业发展专家座谈会。会议确定了包括文化产业在内的15类重点发展产业。同时，广州市政府研究和制定了《广州市文化产业发展规划》，计划用5年时间基本形成完善的文化产业市场体系及文化产业发展配套政策和管理机制，重点培养一批骨干企业，以市场机制推动文化产业做强做大，促进与高新技术相结合的新文化业态长足发展，形成差异发展、互为支撑、布局合理的文化产业集群。

广州市文化创意产业起步较早，2000年初期形成了行业门类比较齐全的创意产业体系，广州市创意产业涵盖了文化、科研、设计、咨询和时尚消费5个大类，以及工业设计、电影电视广播和录像、咨询服务等23个中类和72个小类，涉及市民日常生活、企业生产经营和城市建设等诸多方面。通过对从业总人数、总营业收入和资产总额等相关指标的分析，可以发现广州市创意产业发展重点还是比较突出的，在5个大类中，设计类和咨询类均占相当大的比例。①

广州文化创意产业的核心层、外围层、相关层比重相对合理。一是文化产业核心层（包括新闻服务、出版发行和版权服务、广播电视电影

①邢照华：《广州文化创意产业》，光明日报出版社2016年版，第22页。

服务）快速增长，根据统计局数据估算，2011年，广州市文化产业核心层创造营业收入447.27亿元，比上年增长68.59%，占全部文化产业收入的15.05%。二是文化产业外围层（包括网络文化服务、文化休闲娱乐服务和文化服务）稳健增长，2011年文化产业外围层创造营业收入985.61亿元，占全部文化产业收入的33.17%，与上年相比变化不大。三是文化产业相关层（包括文化用品、设备及相关文化产品的生产与销售）规模庞大，创造营业收入1538.55亿元，比上年增长23.96%，占全部文化产业收入的51.78%。

广州正致力于建设有文化底蕴、有岭南特色、有开放魅力的现代化国际大都市，一大批优秀文化企业抓住各种利好政策，在文化市场中脱颖而出，如总部位于广州的奥飞娱乐，就是中国首个在A股上市的动漫企业。此外，广州还有微信、欢聚时代（YY）、UC等新媒体业态的文创类企业。2016年《广州日报》的品牌价值达268.36亿元，继续稳居中国报业品牌第二名，已连续13年在“中国500最具价值品牌”排行榜上名列中国报业前三位、华南地区首位。国家新闻出版广电总局发展研究中心公布的动漫十大中国品牌榜单中，广州市共有喜羊羊与灰太狼、猪猪侠、巴拉拉小魔仙、快乐酷宝四大品牌入选，是全国入选该榜单品牌最多的城市。

2017年6月，广州市政府印发《广州市文化广电新闻出版事业发展第十三个五年规划（2016—2020年）》，提出要促进文化产业的结构化升级：要在壮大传统文化产业的基础上，加快发展新型文化产业，培育新型文化业态，形成完善的现代文化产业体系。要推进文化传媒、音乐电影演艺、动漫游戏、版权交易、文化旅游等领域取得新的重大突破；要大力发展传媒产业，加快传统媒体与新兴媒体融合发展，扶持一批新媒体项目，打造一批有影响力的传播平台和一批标杆型媒体企业。要加强与国际性媒体的合作，打造具有国际影响力的传媒产业平台；要扶持音乐演艺业发展，以数字音乐为突破口，培育大型音乐企业，推动网络音乐发展。要做大做强中国音乐金钟奖、中国国际演艺交易会等文化展示交流平台，扩大广州音乐品牌影响力和辐射力。

加大对电影业发展的扶持力度。加大投入扶持精品电影孵化、优秀作品创作、电影人才培养、综合服务提升、影视区域划定等，着力打造一批“广州出品”的优秀电影作品；着力引进国内外知名影视企业在穗设立区域总部、分支机构，建设全球电影后期制作中心，打造集影视制作、商业、娱乐、文化、度假、观光旅游为一体的国际一流影视制作与体验基地；鼓励社会资本投资电影产业，实施广州各电影节获奖作品补贴政策，推进广州院校开设电影专业。

着力做大做强动漫游戏产业。发挥广州国家网络游戏动漫产业发展基地的优势，巩固动漫游戏产业在全国的领先地位；推进动漫游戏“产、学、研”一体化，打造一批实力雄厚、具有较强竞争力的大型动漫游戏龙头企业，培育一批技术先进、专业性强的中小型动漫游戏企业；不断提升技术创新能力，创建一批具有国际影响力的动漫品牌，鼓励版权和品牌授权，开发动漫游戏衍生产品；聚合全球动漫产业高端要素，加强国际推广和产业输出，办好中国国际动漫节，将广州打造成为动漫之都；开拓发展版权交易，利用中国国际版权博览会、广州国际文物博物馆版权交易博览会等平台，拓展版权交易范围，开发版权产品，加快建设越秀区国家版权贸易基地。

第五章

文化服务与文化惠民

公共文化服务体系是城市文化建设的重要组成部分，包括文化基础设施建设、公共文化产品和服务的供给等一系列互相关联的内容。公共文化服务水平是衡量一个城市的文化建设发展水平、现代化程度，以及市民文明素质高低的重要标志。加强公共文化服务体系建设是改善文化民生、不断满足人民群众对美好生活的精神文化需要的重要手段。改革开放40年来，广州高度重视公共文化服务体系建设，不断丰富和完善文化惠民政策，不断推进基本公共文化服务的标准化、均等化发展，夯实了城市文化发展的基础，也增强了市民在城市文化建设中的认同感、获得感和幸福感。

一、推进公共文化基础设施建设

公共文化服务是一种公益性、非营利性的政府行为，文化基础设施建设是公共文化服务体系建设的基础，政府提供给人民群众的公共文化产品或服务都必须通过文化设施这个物质载体才能实现。改革开放以来，广州市一直重视公共文化服务基础设施建设，把构建覆盖全社会的公共文化服务体系、保障人民群众基本文化权益作为文化工作的重点加以推进，在经济快速发展的同时不断加大公共文化基础设施的建设力度，为构建完善的公共文化服务体系奠定了基础。

（一）文化基础设施建设起步

改革开放以前，广州的文化基础设施建设是比较薄弱的，市级原有的图书馆、博物馆面积小，藏书和藏品都不算丰富，区、街（镇）的文化馆、文化站不仅数量少，而且建设标准低、非常简陋，不能满足人民群众参与公共文化活动的需要。改革开放以后，广州的经济社会发展取得了显著成绩，经济实现了快速增长，物质财富的积累达到了较高的水平，为建设公共文化服务设施提供了必要的经济条件。1987年，广州借助举办第六届全运会之机，建起了天河体育中心大型这座现代化的体育场馆，为发展公共文化服务奠定了基础。

到了20世纪90年代，广州的经济发展取得了较大的飞跃，城镇和农村居民人均可支配收入高于全国平均水平，连续十多年经济总量在全国各大城市排名中位于第三名，在经济实现快速发展、物质财富日益丰富的同时，市民百姓的精神文化需求也快速增长。随着广州的经济社会发展逐渐向率先全面建成小康社会阶段迈进，市民的生活从温饱型向小康型转变，对精神文化的需求更为旺盛。广州市委、市政府以“三个代表”重要思想为指引，把满足人民群众的精神文化需求，实现人的全面发展作为工作的出发点，在公共文化事业方面不断加大投入，积极推进公共文化服务设施建设。建设了一批区级图书馆、博物馆、文化馆和影剧院，升级改造了群众艺术馆、工人文化宫、青年文化宫、少年宫、儿童活动中心、老干活动中心等一批市一级的公共文化活动场馆。2001年，广州又借助举办第九届全国运动会的东风，建起了又一处大型体育场馆——奥林匹克中心，公共文化基础设施建设又向前迈了一步。

但是，随着城市化进程的不断加快和城市人口的快速增加以及外来务工人员的大量进入，人民群众对高质量高水平的公共文化服务需求越来越旺盛，原有的公共文化服务设施已不能满足广大人民群众享受高质量公共文化服务的需要。例如，建于1982年的广州图书馆旧馆无论是建筑面积、藏书量，还是借阅技术和服务等，都不能满足快速增长的城市人口对高质量的借阅服务的需要；过去建设的一些区、街文化馆和文化站由于标准低、数量少，也不能满足广大人民群众不断增长的享受高质量的公共文化产品和服务的需要。2007年印发的《中共中央办公厅、国务院办公厅关于加强公共文化服务体系建设的若干意见》，对加强公共文化服务体系建设作出了专门部署，表明了党中央对文化在实现社会和谐、人的全面发展中作用的认识逐步提高，公共文化服务设施建设在公共文化服务体系建设中的基础作用更为凸显。广州市积极贯彻中央精神，及时把文化工作的重心转到公共文化服务体系的建设上来，出台了《广州市加快公共文化服务体系建设实施意见》等文件，明确了公共文化服务体系的建设标准，并通过定期开展督导验收工作，有效地把握进度、落实部署、促进规范化，掀起了新一轮公共文化服务设施建设的高潮。

（二）推进大型文化设施建设

广州市在2002年成功获得了2010年第十六届亚运会的主办权，这需要广州市在公共文化设施建设方面有新的飞跃；2007年，广州被确定为举办全国第九届艺术节的城市，这无疑是广州推进文化设施建设的一个有利时机；2008年，广州被国务院确定为国家中心城市，作为我国的中心城市，其文化的引领、带动和辐射功能必须凸显出来，这就对公共文化服务设施建设提出更高的要求。为此，广州连续几年共投入100多亿元，先后建成了广州图书馆新馆、广州大剧院、辛亥革命纪念馆、“团一大”纪念广场、农民工博物馆等一批大中型文化场馆，升级改造了西汉南越王博物馆、中共三大会址纪念馆、南越王宫博物馆等一批公共文化基础设施。这一批大中型城市公共文化设施的建成和改造，为广大市民提供了更多设施先进、功能完善的文化活动场所，同时也成为城市的文化新地标，极大地彰显了广州现代文化城市的魅力，使广州以崭新的城市风貌迎接了第十六届亚运会以及成功举办了第九届中国艺术节。

党的十八大召开之后，广州市对公共文化服务设施建设的投入再加码，规划兴建一批大型公共文化场馆，投资40多亿元在广州市新中轴线南段海珠区区域内建设四大文化场馆和一园——广州博物馆新馆、广州美术馆、广州科学馆、广州文化馆和岭南文化大观园。这些文化设施项目的有力推进，极大地改变了大型文化设施建设欠账较多、规划建设步伐滞后的面貌，为改善广州公共文化服务的水平和质量奠定了更为厚实的基础。

广州美术馆、广州博物馆新馆、广州科学馆建成后，与周边的广州塔、领事馆区、赤岗塔等，与珠江对岸的花城广场四大文化建筑，以及海心沙、星海音乐厅、广东美术馆等，将形成文化设施的集聚区。除了市一级的大型文化场馆建设，广州市各区也在规划建设一批文化场馆，目前已建成的有潘鹤雕塑艺术园、十香园纪念馆、增城歌剧院、番禺星海文化功能区、花都文化艺术中心、黄埔文化中心等。

（三）完善基层公共文化设施

为了满足人民群众对公共文化服务的需求，除了建设“高大上”的大型文化设施，还要不断健全和完善基层的公共文化设施。社区是城市居民的公共生活空间，也是居民开展公共文化活动的重要场所。因此，社区公共文化设施，如文化活动室、培训室、图书室、歌舞厅、游艺室等是否健全以及建设的质量、数量都直接影响着广大社区居民参加公共文化活动的水平。同时，基层公共文化设施的建设和完善对占领思想文化阵地、弘扬社会主义核心价值观、夯实公民道德教育阵地都具有不可或缺的作用。

从20世纪90年代开始，原广州市文化局、广州市体育局、广州市民政局等职能部门就大量投入各种资源建设社区的公共文化设施，但受城乡经济发展不平衡的制约，广州市的基层公共文化设施建设呈现出不完善、不平衡的状况，一些新建城区和部分农村地区的基础文化设施建设还处于落后水平，文化场地不足、文化产品供应紧张，使文化发展成果不能人人共享。2009年，广州市制定的《广州市加快公共文化服务体系建设实施意见》中明确提出，到2009年底实现城乡公共文化基础设施全覆盖，建成城市“十分钟文化圈”、农村“十里文化圈”，到2010年基本建成布局合理、设施先进、功能完善、覆盖城乡的公共文化服务体系。

广州坚持文化建设“合理布局”和“重心下移”，特别注重文化资源向农村和基层倾斜，特别注重公共文化资源城乡科学合理配置，不断加大对基层公共文化设施建设的财政投入，优先加快社区（村）文化室建设。在填补未建社区（村）文化室空白的基础上，推进农村文化室配套建设“农家书屋”“绿色网园”，配备一批群众文体活动设施；推进社区（村）文化室与社区居（村）委会党员远程教育站、科普宣传室、老年人服务站点、居民健身场所等设施的综合利用和共建共享。把市、区文化中心，街（镇）文化站，社区、农村文化室建设纳入城市建设规划，要求文化室的建筑面积不少于200平方米，宣传橱窗面积不少于10平方米。

到2015年，各区已基本形成文化馆、图书馆、博物馆三馆齐全的格局。全市170个文化站中，131个达到省特级站标准，39个达到省一级站标准。全国文化信息资源共享工程建设率100%，农家书屋达到100%全覆盖。[①]全市2762个社区（村）均建起了文化室，总面积为389 086平方米。[②]全国文化信息资源共享工程基层服务点100%全覆盖。其中，广州市越秀区“中心城区公共文化服务体系创新工程”成为国家公共文化服务体系示范项目。全市图书馆、文化馆、文化站、文化室建设率达到100%，城市“十分钟文化圈”、农村“十里文化圈”和市、区、街（镇）、社区（村）四级公共文化服务网络基本建成，极大地满足了广大群众开展基层文化活动的需要。

（四）建设“图书馆之城”

图书馆是政府向群众提供公共文化服务的最基本场所之一。按照2001年7月联合国教科文组织与国际图书馆协会联合会共同出版的《公共图书馆服务》一书中的定义，公共图书馆的基本宗旨是通过向社会免费或低价提供各种形式的资源与服务，满足个人和团体在教育、资讯、个人发展以及休闲和娱乐等方面的需求。现代图书馆在保存人类文化遗产、开展社会教育、传递科学情报、开发智力资源等方面的社会功能越来越突出。因此，图书馆的建设水平在一定程度上反映了一个城市的公共文化服务水平。

改革开放以来，广州十分注重图书馆的建设，在原来的市属中山图书馆归并为省级图书馆后，于1982年将原来的星火燎原展览馆改建为广

①参见《广州市文化广电新闻出版事业发展第十三个五年规划（2016—2020年）》，http://www.gzci.gov.cn/201711/21/154328_51946309.htm。

②陈小文：《广州市公共文化服务均等化问题研究》，华南理工大学2014年硕士论文。

州图书馆，公共图书馆建设在省内处于领先地位，无论图书馆的数量，还是馆藏图书总量，都排在首位。进入21世纪之后，为了加快推进公共文化服务设施建设，广州市于2004年立项建设广州图书馆新馆，2006年开始动工建设，2012年底建成部分开放，2013年全部开放。继广州图书馆新馆建成投入使用之后，广州市各区又陆陆续续建成多个区级图书馆并投入使用。目前广州共有市、区两级公共图书馆13座，其中市级图书馆2座，区级图书馆11座，成为广州市公共图书馆服务体系的主体骨架。其中最有影响力的当属广州图书馆新馆。该馆占地面积2.1万平方米，总建筑面积9.8万平方米，现馆藏文献843.3万册（件），阅览座位4000个，公用计算机705台，有线网络节点4000个，无线网络全覆盖。2017年日均接待公众访问2.5万人次、注册读者994人次、外借文献3.6万册次、举办活动8场次。[①]其他公共图书馆也都有非常丰富的公共文化资源。目前，广州市已构建起市、区两级图书馆本馆、分馆、联合分馆、图书流通点、村级图书室、汽车图书馆相结合的公共阅读服务网络。

党的十八大以来，按照《广州市加快公共文化服务体系建设实施意见》的具体要求，广州加快了图书馆建设的速度。2012年，时任广州市市长陈建华就提出了广州要建“图书馆之城”。2015年5月1日，《广州市公共图书馆条例》正式实施，广州市文广新局为配合该条例实施，起草了《广州市“图书馆之城”建设规划（2015—2020）》，加快了广州市图书馆建设的速度。2015年6月1日，广州市少年儿童图书馆新馆建成全面开放。2016年，广州市在公共图书馆建设方面的经费投入为3.93亿元，公共图书馆经费投入年增长率与全市财政支出年增长率的比率高达461.39%，为过去5年之最，其中购书经费为8693.05万元，即广州市为公共图书馆

①广图概况，http://www.gzlib.gov.cn/aboutlib/index.jhtml。

提供的人均购书经费达到6.19元。至2016年底，全市共有各级公共图书馆122座，比2015年增加了34座。[①]2017年，广州市公共图书馆到馆人数首次突破2000万人次，人均到馆次数达到1.44次，全市所有公共图书馆的注册读者271.25万人，注册读者率为18.71%[②]。到2016年底，广州市部分公共图书馆实施了通借通还，未来几年会有更多公共图书馆加入通借通还体系，到2020年实现全市170多个街（镇）公共图书馆通借通还目标。近年来，广州市也加快了数字图书馆建设的速度，2016年4月，广州数字图书馆（www.gzlib.gov.cn）正式开通上线，分为“资源”“服务”“活动”“互助”“专题”等多个板块，并提供社交版、移动版和多语言版等多个版本。14周岁以上的广州市户籍居民可以扫描二维码，注册后即可享受海量的数字资源。另外，市民可以扫描“百听”二维码，免费获得听书体验币，感受多部经典作品的有声阅读演绎，满足市民不同形式的阅读体验需求。

借助建设“图书馆之城”的契机，广州计划逐步构建以“中心馆—总分馆”体系为核心，以村（社区）服务点、农家书屋、流动图书车、24小时自助图书馆和其他服务点为延伸的图书馆服务体系。到2018年，广州市将完成区域总分馆服务体系建设，完成80%以上的镇、街道图书馆改造，到2020年，广州将实现每1万~1.5万人配备一个专业图书管理人员的目标；镇（街道）图书馆至少配备一名专业技术人员，细化人员分工和服务内容，整合文化站资源，保证镇（街道）图书馆有序运行。

2017年6月，广州市人民政府办公厅发布了《广州市文化广电新闻

①《〈广州市“图书馆之城”建设2016年度报告〉发布》，南方网，2017年4月22日。

②黄丹彤、杨洋：《广州打造“图书馆之城” 去年到访公共图书馆人数首次突破2000万人次》，大洋网2018年4月23日。

出版事业发展第十三个五年规划（2016—2020年）》，规划中提出，将文化馆、图书馆、博物馆等公共文化服务设施建设纳入城市建设整体规划，按照“新建一批、提升一批、改造一批、下放一批”的总体部署统筹推进公共文化设施体系建设。计划到2020年基本建成“图书馆之城”，实现广州每8万人拥有一座图书馆，人均藏书3册，全市公共图书馆总建筑面积超过40万平方米的建设目标。

（五）建设“博物馆之城”

博物馆是征集、典藏、陈列和研究代表自然和人类文化遗产的实物的场所，并对那些有科学性、历史性或者艺术价值的物品进行分类，为公众提供知识、教育的机构、建筑物、地点或者社会公共机构，是公共文化服务的重要内容。因而，博物馆就成为人民群众接受历史文化教育、鉴赏历史文物、进行艺术审美的重要场所。广州市博物馆事业起步较早，1929年创建的广州市市立博物院（现广州博物馆）是中国首批公立博物馆之一，也是华南地区第一座博物馆。改革开放之后，广州市的博物馆事业得到较快发展，一方面不断修缮广州博物馆、广州近代史博物馆、广东民间工艺博物馆等一批老博物馆，另一方面陆续修建了西汉南越王博物馆、广州艺术博物院、南越王宫博物馆等一批新馆。目前，广州除了建起一批市级博物馆之外，天河、越秀、荔湾、海珠、番禺、从化、增城均建起了区级的博物馆，再加上中国海关博物馆广州分馆、广州农民工博物馆、东平典当博物馆等一批主题型博物馆，基本上形成了由市、区两级博物馆和主题博物馆组成的博物馆网络。与博物馆性质类似的纪念馆，也是公共文化服务的重要组成部分。纪念馆一般是为纪念重大历史事件或历史人物而设立的，运用多种表现形式来展现历史文化内涵的一种公共文化设施。目前广州的纪念馆和一些民营博物馆加起来也有数十家。广州的博物馆建设虽然取得了一定的成效，但与国外的巴黎、伦敦、纽约、圣彼得堡、洛杉矶、芝加哥等有名的“博物馆之城”相比，相去甚远。即使与国内的北京、上海、西安、成都（目前这些城市的博物馆数量都已超过100家）相比，也有不小的差距。

党的十八大以来，中共广州市委、市政府更加注重博物馆建设，2012年就提出了广州要建设“博物馆之城”的目标，在2016年，建设“博物馆之城”的目标又被列入了《广州市文化广电新闻出版事业发展第十三个五年规划（2016—2020年）》之中。为实现这个目标，广州市从2012年开始用大约5年时间新增、改扩建一批博物馆工程。这批重点建设项目包括广州博物馆新馆、广东民间工艺博物馆扩建工程、陈家祠岭南文化广场二期、南越王博物馆整治工程、粤剧艺术博物馆、南汉二陵博物馆、广州华侨博物馆、广州音乐博物馆、广州工业博物馆、广州海事博物馆、广州非物质文化遗产博览园、广州民俗博物馆、粤海关博物馆等37个重点文化设施项目。在这些重点文化设施项目中，广州博物馆新馆规划建筑面积约58 500平方米，投资总额达111 361.12万元；广东民间工艺博物馆扩建工程，投入50 460万元，新建1.5万平方米、改造3000平方米；南越王博物馆整治工程（二期工程）投资总额48 662.35万元；南汉二陵博物馆、文物保护与考古科研基地等，投资总额17 700万元。[①]其他的新增、改扩建的博物馆还有广州海事博物馆、广州民俗博物馆、南越国史研究及保护中心等，这些工程的总投资达到20多亿元。

此外，广州还利用各方力量，多方筹资建成了广州邮政博览馆、广州货币金融博物馆、广州十三行博物馆、中国传统医药文化博物馆、

①陶达嫔：《广州要建“博物馆之城” 将投上百亿建设30座博物馆》，《南方日报》2012年8月8日。

广州陈李济中药博物馆、广州丝织行业博物馆等各种专业博物馆。近年来，各级政府和社会组织也鼓励和帮助了一些拥有丰富收藏品的个人或民营机构建起一批小型的私人博物馆，极大地满足了群众学习、休闲、娱乐、鉴赏、审美等文化需求。今后，广州的博物馆建设应充分挖掘、利用民间的资源和力量，以发展行业和民营博物馆为突破口，加快“博物馆之城”建设步伐。

截至2017年12月，广州市行政区域共有博物馆61座，数量相较2005年增长近70%。其中国家一级馆4座、二级馆7座、三级馆2座，三级以上博物馆数量位居全国第三，有53座博物馆免费向公众开放。2017年，广州市属各博物馆举办专题展览总数111个，观众人数超过1100万人次，480多万人次免费参观博物馆，送展到社区、学校、农村170次。[①]为了推进博物馆事业的更快发展，2017年12月，广州率先在全国颁布《广州市博物馆规定》。这是全国《博物馆条例》颁布后，全国最早的地方性博物馆专项法规。接下来将重点开展《广州市博物馆规定》配套规范性文件的制定工作，包括博物馆发展扶持资金管理办法、博物馆藏品征集管理办法、鼓励学校利用博物馆资源开展教学活动的规范性文件；下一步还将启动博物馆统一标识征集工作。按照《广州市加快公共文化服务体系建设实施意见》的规划要求，广州将在2020年前建成一批高标准的博物馆，届时广州博物馆总量将达到65座，总投资将超过100亿元，不断向建设“博物馆之城”的目标迈进。

①黄宙辉：《广州全市博物馆达61座　南汉二陵博物馆有望年底开放》，金羊网，2018年5月17日。

二、推进公共文化服务体系建设

党的十八大将公共文化服务体系建设作为全面建成小康社会的重要内容，明确提出了到2020年“公共文化服务体系基本建成”的战略目标。党的十八届三中全会将构建现代公共文化服务体系、促进基本公共文化服务标准化均等化作为全面深化改革的重点任务之一。为深入贯彻党的十八大和十八届三中全会精神，广州紧紧围绕“五位一体”总体布局和“四个全面”战略布局，加快推进公共文化服务体系建设，确立了“结构合理、发展均衡、网络健全、运行有效、惠及全民”的公共文化服务体系建设原则，逐步推进建设布局合理、设施先进、功能完善、覆盖城乡的公共文化服务体系，使广大市民的基本文化权益得到了保障。

（一）健全公共文化产品供给体系

公共文化产品供给体系包括了公共文化设施提供的产品和服务、文化创作单位提供的文化产品和服务等一系列内容。图书馆、博物馆、美术馆分别通过图书借阅、文物展览、艺术品展出等向社会公众提供文化产品和服务，文化馆通过组织群众开展文化活动向公众提供文化服务，各类剧院、剧团通过创作演出剧目向群众提供文化服务，等等。总体来讲，公共文化产品供给体系就是通过公共文化产品和服务的供给，让人民在享用这些产品和服务的过程中提升素质和精神境界，启发和培养文化自觉，引导人们建立正确的价值观和健康的生活方式，激发广大人民群众的文化创造活力。

1. 坚持以人民群众基本文化需求为导向

增强服务意识，建立健全群众文化需求跟踪反馈机制，开展菜单式、订单式服务，提供更多为群众喜闻乐见、充满正能量的优秀文化产品和服务，努力实现公共文化服务“适销对路”，让群众真正喜欢文化、参与文化、创造文化。为了更好地为广大人民群众提供满意的文化产品和服务，满足人民群众多层次、多样化的文化需求，广州市在加大投入、优化文化发展环境的同时，积极推出一系列重大举措，力求为广大市民提供更多、更好的文化产品和服务。加强对公共文化产品创作生产的引导，实施文艺精品战略，建立优秀传统文化传承体系，切实提高公共文化产品质量。调动政府、市场、社会等各方面力量参与公共文化产品创作、生产和供给。

2. 激发文化产品供给单位的活力

改革开放初期，广州市的文化体制基本上沿用过去计划经济时期的体制，随着改革开放进程的推进，旧有的文化体制政企不分、政事不分的弊端日益显现出来，极大地束缚了文化生产单位的活力，文化产品和服务的供给远远不能满足人民群众日益增长的需要。为了解除旧体制对文化生产单位的束缚，使文化生产单位更好地为市民提供更多高质量的文化产品，广州市在2008年开始启动文化体制改革，到2009年底，26家国有经营性文化单位和8家文艺院团全部完成了转企改制的工作。广州市属的多家文艺院团，积极探索适应市场需求、满足群众趣味的文化产品生产之路，为文化市场提供了一批叫好又叫座的艺术精品，如杂技剧《西游记》、芭蕾舞剧《风雪夜归人》、人偶剧《八层半》等。另外，新闻出版和媒体改革也持续推进，组建或重组了广州文化投资经营集团、广州传媒控股有限公司、广州广播电视传媒集团等一批大型文化企业集团，生产了一大批广受群众欢迎的新闻出版、影视娱乐等文化产品。近年来，先后推出粤剧《梅岭清风》《孙中山与宋庆龄》、音乐剧《西关小姐》《和平使者》、话剧《威尼斯商人》、广东音乐《珠江之春》、人偶剧《哪吒》、武侠杂技剧《笑傲江湖》、芭蕾舞剧《葛蓓莉亚》等一批艺术精品。这些文艺精品的成功创作和演出，既为市民群众带来了较好的精神文化享受，又为提升市民文化品质奠定了更好的基础。

3. 举办一系列重大文化节会活动

进入21世纪后，广州市文化发展的势头更猛，在文化事业和文化产业的发展方面都取得了较大的成就，城市的文化魅力和文化实力逐步显现出来，具备了举办国内外大型文化节庆的优势和条件。例如，中国音乐金钟奖永久落户广州，广州市充分利用这一有利条件积极办好每一届的音乐金钟奖。从2003年第三届到2017年的第十一届共举办了9届金钟奖，为广州市民奉上了9次音乐盛宴。2007年，广州获得了举办第九届中国艺术节（简称“九艺节”）的主办权，2010年广州市投入了2.7亿元成功举办了九艺节。在这届艺术节上，全国各地精心选送65部舞台艺术精品角逐文华奖；主办单位还组织邀请了我国内地15部优秀剧目以及意大利著名歌剧《图兰朵》等多部国外经典剧（节）目参加演出；广州市属的专业文艺院团和群众文艺单位也为九艺节新创作了20多部专业剧（节）目和一批群众文化作品，并广泛进行演出。[①]如此之多的艺术精品上演，可谓盛况空前，观看九艺节演出成为最受羊城市民热捧的文化盛事。此外，广州还通过举办一批已形成品牌的文化节会为广大市民提供大量的文化产品，如广州国际艺术博览会、中国（广州）国际纪录片节、中国广州国际演艺交易会、中国国际漫画节、羊城国际艺粤剧节等。

4. 提升公共文化服务水平

近年来，广州市注重利用现代科技提升公共文化服务水平，探索

---

①第九届中国艺术节组委会办公室编：《九色的彩虹：第九届中国艺术节纪实》，广州出版社2012年版，第2页。

“互联网+文化”服务手段，建立健全文化馆、图书馆微信公众平台、阅读推广app、艺术推广app等服务平台，完善了线上线下服务群众渠道，为群众及时提供详尽的艺术惠民信息和阅读推广服务资讯。在图书馆创新引进自助办证及借还系统、安全检测系统、智能综合借还服务终端、智能书架等设备，完成图书馆管理从传统技术到RFID（射频识别）技术的过渡，引入图书供应商在该图书馆设置图书“以需订购”的公共图书直接采购服务平台，实现图书馆服务智能化、读者自助化和便利化。完善图书馆自助终端设备程序的功能规划与开发，更新自助办证、自助借还、盘点系统、智能书架、文献搜索与导航等应用程序，在数据储存、数据读取方面，准确率达98%以上，极大地满足了人民群众对图书借阅的需要。黄埔区还对图书馆、文化馆的服务模式进行创新，按照“图书馆先行、文化馆跟进”的步骤，系统化构建了“总馆+分馆+服务点”的服务三级空间布局，并打通横向联系形成矩阵网络。借鉴成熟连锁企业的成功管理经验，按照“理念相统一、外观同标识、服务标准化”的要求，打造成连锁式、标准化图书馆服务体系，建设完善图书馆服务体系各部分之间的联系机制，推进决策、执行、反馈流程再造，实现资源流通和信息流通及时、通达。

（二）健全公共文化服务组织体系

公共文化服务的组织体系由公共文化服务的领导机构、实施单位、基层文化单位组成。党委、政府是公共文化服务的领导机构，主要是对公共文化服务事业进行规划、投入、管理和制度安排等方面的工作。政府的相关职能部门是提供公共文化服务的主体力量，基层文化单位是实施公共文化服务的基本力量。

按照国家公共文化服务体系建设的要求，广州市目前已建立起由党委和政府领导、政府具体部门组织实施、各基层文化单位具体落实的公共文化服务组织体系。具体来说，中共广州市委宣传部、广州市文化广播电视新闻出版局是公共文化服务体系建设的领导机构；市属和区属的图书馆、博物馆和文化馆等公共文化服务单位是提供公共文化服务的主体机构；街、镇、社区、乡村的文化室、文化站都是基层组织实施公共文化服务的基本单位。经过多年的努力，广州市不断健全和完善公共文化服务的组织体系，现在已经形成了市、区、街（镇）、社区（村）四级公共文化服务的组织体系，在各级单位的共同努力下，有效地促进了公共文化服务供给，极大地满足了人民群众对公共文化服务的需求。

在公共文化服务组织体系中，基层文化工作人才短缺是一个突出问题。为此，广州市人民政府办公厅在印发的《广州市文化广电新闻出版事业发展第十三个五年规划（2016—2020年）》中作出规定：落实街道（镇）文化站人员编制配备不少于1～2名的要求，规模较大的街道（镇）可以适当增加。要求每个社区（村）文化室至少配置1名专职文化管理员和至少2名文化志愿者，构建专兼结合的社区（村）公共文化管理服务队伍格局。将公共文化服务专业人才培养纳入国民教育体系，加大培训力度，建立培训上岗制度，不断提高基层公共文化管理人员专业素质。加强公共文化服务辅导员队伍建设，强化公共文化机构对群众文艺团体的专业服务能力。

（三）健全公共文化服务配套体系

公共文化服务的配套体系是指使公共文化服务体系正常运转的一系列配套机制，包括人才培养机制、考察评估机制、表彰奖励机制、市场监管机制等。在推进公共文化服务体系建设过程中，广州市注重健全和完善公共文化服务配套体系，体现在以下几个方面：

1. 完善人才培养机制

公共文化服务人才队伍的突出问题是基层文化人才的短缺，只有较好地解决这个问题，才能提高基层公共文化服务的水平。为此，广州市在2009年印发的《广州市加快公共文化服务体系建设实施意见》中明确指出：根据公共文化事业发展的需要进一步加强人员队伍建设，确保编制和人员到位，保障基层文化站、广播电视站以及“农家（社区）书屋”“绿色网园”工作的开展。建立健全公共文化服务从业人员上岗培训制度，加强规范化管理，完善基层文化干部的职称评定、专业技术人员资格评定和聘用机制。通过公开招聘等办法，吸引各类优秀人才进入公共文化服务领域发展。为保障公共文化服务基层队伍的稳定，广州市制定、落实《广州市社区文化辅导员工作管理办法》，培育和发展群众业余文体团队，形成一支扎根基层、服务群众的专兼职公共文化服务队伍。按照这一要求，广州市近年来加大了对基层公共文化服务人才队伍的建设力度，配齐基层文化站、文化室的专职工作人员，并加强对他们的培训，提高了基础专职文化人员的素质和水平，使他们在基层公共文化服务中发挥了较好的作用。此外，又注重发挥共青团组织的志愿服务队伍的作用，让先进青年及群体在基层公共文化服务中发挥其独特的魅力和活力。据不完全统计，广州市现有文化志愿者队伍140多支，2017年参加服务的文化志愿者超过5万人次。[①]学生志愿者、社会志愿者、党员志愿者各放异彩，成为广州基层文化建设的生力军。

2. 完善考察评估机制

广州市制定了《广州市居住区（社区）公共服务设施设置标准》并

---

①申卉：《广州举办文化志愿者表彰活动，千余名志愿者免费看演出》，大洋网，2018年1月17日。

不断进行修订，其中对社区的文化设施建设和人员配备进行了具体的规定，以此作为对社区工作的考评标准。还制定并实施了各级文化设施和文化服务的测评体系，规划和促进公共文化体育设施的配套建设。建立了公共文化服务指标体系，并将其作为考核公共文化服务的投入、质量、效率和水平的重要量化指标，对公益性文化产品、文化服务、文化活动以及公益性文化单位进行绩效评估。以文艺进社区工作量化考核指标为例，要求市属各专业艺术院团必须制定每年送戏下乡的计划，每年为基层群众送戏演出100场以上；市群众艺术馆、各文化馆每年分别为群众举办各类活动50场（次）以上，每年举办各类讲座、辅导、培训、展览活动不少于20场（次），其中面向未成年人、老年人，以及外来务工人员的专题文化活动必须占一定的比例；各街（镇）文化站每年组织各类文化活动12次以上；群众文化工作人员每年要有36天以上深入街（镇）、社区（村）开展培训、辅导、调研。考核的结果作为经费支持、领导考核的重要依据。

3. 完善表彰奖励机制

为促进公共文化服务的发展，广州市逐步完善表彰奖励机制，对在建设公共文化服务体系中成效突出的单位和个人给予表彰和鼓励。多年来通过各种形式表彰在公共文化服务方面作出贡献的有关人员。2011年，广州市公共文化服务体系建设领导小组对越秀区文化馆等100个“广州市公共文化服务体系建设突出贡献单位”和黄泽顺等100名“广州市公共文化服务体系建设突出贡献个人”给予了通报表扬。2017年，广州评选表彰了“优秀文化志愿者”“优秀文化志愿服务项目”“优秀文化志愿服务团队”。

4. 完善市场监管机制

在公共文化服务领域，市场监管是指政府为了维护文化市场的良好运行而采取的对市场交易主体、市场交易过程和市场交易规范进行的管理活动。在发展公共文化服务的过程中，广州市一直重视对文化市场的监管，以《广州市人民政府关于印发广州市文化市场监管体系建设规划（2012—2016年）的通知》，对文化市场准入制度、准入服务、市场监管、质量管理、保护市场秩序等相关工作进行具体指导，其中涉及不少公共文化服务体系的内容。广州市为了更好地加强文化市场的管理，在2005年成立了广州市文化市场综合行政执法总队，其主要职能是贯彻执行广州市及上级文化政策，对广州市文化市场开展文化执法活动。截至2015年，建队10年，作出行政处罚案件共800多宗，作出行政复议案件10宗，维持原处罚率100%，作出行政诉讼案件10宗，胜诉率100%。此外，总队下属各区（县）支队也展开了卓有成效的管理活动，以天河区为例，2013年该区累计出动执法人员1645人次，检查文化经营场所2174家，收缴盗版光盘6.6万张、非法书报刊2.9万份。[①]通过对文化市场的监管，有效地维护了文化市场的秩序，使文化市场得以健康运转。

（四）健全公共文化服务支撑体系

公共文化服务的支撑体系是指能够支持和保障公共文化服务正常运转的一系列政策法规和财政支持系统。改革开放以来，广州市在建立政策法规支持公共文化发展方面也做了不少工作，在20世纪末就开始了对文化领域的立法，1998年，制定实施了《广州市公园管理条例》；1999年，制定了《广州市历史文化名城保护条例》。到21世纪又先后制定了《广州市文物保护规定》和《广州市公共图书馆条例》，同时又有三部

①徐俊忠、陆志强、顾涧清：《中国广州文化发展报告（2015）》，社会科学文献出版社2015年版，第5页。

省级条例《广东省实施〈中华人民共和国文物保护法〉办法》《广东省公共文化服务促进条例》《广东省非物质文化遗产条例》，在广州得到较好实施，初步形成了在公共文化服务领域比较完备的法律体系，使广州市的公共文化服务体系建设得到法律法规的有效保护。

近年来，广州市为推动公共文化服务体系建设的进一步发展，又推出了一系列政策和法规，这既有统揽广州市文化发展全局的公共政策，又有专门针对公共文化服务体系建设的政策文件，它们共同构成了广州市公共文化服务体系发展的支撑体系。从总体上说，广州市公共文化服务的政策法规支撑体系正在逐步完善。

2008年，广州市出台了《关于继续解放思想深化文化体制改革推动文化事业和文化产业加快发展的决定》。2009年，制定了《广州市加快公共文化服务体系建设实施意见》。2011年，制定了《广州建设文化强市培育世界文化名城规划纲要（2011—2020年）》，对广州市公共文化服务体系建设的目标和内容提出了明确的要求。2012年，广州又制定了《关于培育世界文化名城的实施意见》，其中也有对公共文化服务体系建设的具体内容。2013年，广州市出台了《广州市美丽乡村文化建设设施方案》，其中对美丽乡村建设中的乡村文化设施建设提出了具体要求；出台了《广州市基本公共服务均等化重点工作实施方案（2013—2016年）》，对如何实施基本公共服务均等化提出了具体的指导意见，包含了公共文化方面的内容；还出台了《广州市人民政府关于加强广州市“十二五”时期文化基础设施建设的意见》，这个专门针对文化基础设施建设的文件主要是就“十一五”期间延续7项文化基础设施和“十二五”期间重点建设24项文化基础工程建设作出了具体指引。2014年，广州市制定了《全国重点文物保护单位光孝寺保护规划》，就如何进行光孝寺保护、管理和展示作出了具体规定；出台了《全国重点文物保护单位南汉二陵保护规划》，对在广州出土的全国重点文物保护单位南汉二陵的保护、管理和展示作出了具体规定。2016年，制定并实施了《书香羊城全民阅读五年规划（2016—2020）》；还制定了《广州市人口发展和基本公共服务体系建设第十三个五年规划（2016—2020年）》，其中提出以四大工程保障公共文化体育服务的发展，保障人民群众看电视、听广播、读书看报、进行公共文化鉴赏、参与大众文化活动和体育健身等的权益。2016年底，发布了《广州市加快构建现代公共文化服务体系的实施意见》，为广州市的现代公共文化服务体系提供了更强的动力。

公共文化服务支撑体系除了政策法规的内容外，还包括财政的支撑。改革开放以来，广州在公共文化服务方面的投入逐年提高，在“十一五”和“十二五”期间，公共财政用于公共文化服务方面的支出就超过了总支出的1%，在迎接第十六届亚运会期间，用于大型公共文化服务设施建设的经费大幅提升，因而2010年广州市的公共文化服务经费占公共财政支出超过了5%。在2009年发布的《广州市加快公共文化服务体系建设实施意见》中明确规定，继续加大对公益性文化事业的财政投入，重点向基层文化建设特别是社区和农村文化建设倾斜；各级文化事业经费不低于当地财政总支出的1%，并将图书馆、群众艺术馆、博物馆、文化馆、文化站等各项经费纳入年度部门预算，为公益性文化事业提供必要的经费保障；扩大政府投入公共文化的比例，引导和鼓励社会力量投资兴办公共文化实体、建设公共文化设施、提供公共文化服务，形成以政府投入为主、社会力量积极参与的稳定的公共文化服务投入机制。2017年6月发布的《广州市文化广电新闻出版事业发展第十三个五年规划（2016—2020年）》，进一步强调加大财政投入力度，建立健全财政文化投入稳定增长机制，落实社区公共文化设施建设要从城市住房开发投资中提取1%的政策规定，确保基层公共文化事业发展形成稳定经费投入机制。

三、推出文化惠民的政策与措施

加快构建现代公共文化服务体系，必须推进基本公共文化服务标准化均等化，补齐发展短板，切实保障公民享受文化成果、参与文化活动、从事文化创作等文化权利，满足人民群众日益增长的精神文化需求，大力提高文化民生保障水平。解决文化民生问题需要通过制定和落实一系列惠民的政策与措施来实现。改革开放40年来，广州着力推动公共文化服务的均等化发展，不断推出文化惠民的政策与措施，使广大人民群众享受到不同层次、不同风格、内容丰富的文化产品和服务，较好地满足人民群众对精神文化的多方面需求。

（一）大力实施文化惠民工程

文化惠民是广州市在构建现代公共文化服务体系中坚持长抓不懈的民生工程。二十世纪八九十年代，广州市文化惠民工程推进较为缓慢，进入21世纪后，在科学发展观的引领下，广州市委、市政府对文化民生问题的重视程度不断提高。2007年，颁发了《中共中央办公厅、国务院办公厅关于加强公共文化服务体系建设的若干意见》，中共广州市委和广州市政府根据这一意见的精神，及时把文化工作的重心转到公共文化服务体系的建设上来，确保把文化建设的资源和力量用在老百姓最需要的地方，促进公共文化服务均等化。广州市在2009年出台了《广州市加快公共文化服务体系建设实施意见》等文件，以带动大力实施文化惠民工程。

1. 推进基层文化站（室）的硬件达标建设

公共文化服务均等化的目的就是使人人都能享受到公共文化服务。这就需要通过设立一定的标准，使城乡的文化设施建设按照标准进行，才能解决缩小城乡差距、贫富差距和解决地区间不均衡发展的问题。客观地说，以往广州市社区（村）的文化室、文化站基本处于零零散散状态，配备没有全覆盖，建设标准也参差不齐，各级文化部门对文化室建设也缺乏统一的指导和要求。2009年，《广州市加快公共文化服务体系建设实施意见》颁布后，为基层公共文化设施建设制定了基本标准。

从2009年开始，在基本完成市区级图书馆、文化馆、文化站建设的背景下，广州市文化工作重心进一步下移，把基层文化室的建设列入了各级党委、政府的工作计划中，先后拨出专款1721万元新建文化室329个，改造文化室145个，改造祠堂文化室95个。[①]广州市各区在具体操作过程中，立足实际，发掘整合各地既有资源，采取综合利用、集约利用的方式推进公共文化服务硬件设施建设，在资金有限的情况下，把一些农村地区的祠堂修缮一新，改造成面积和功能符合标准的文化室。2012年底，广州又建成了50个500平方米以上的文化广场并投入使用。[②]

经过多年的持续努力，全市的基层文化站、文化室建设硬件均达到标准，覆盖城乡的市、区、街（镇）、社区（村）四级公共文化服务网络基本形成。基层公共文化设施既要重建设也要重维护，才能有效发挥作用。在实现基层文化设施建设达标之后，广州又通过制定设施管理办法、开展管理人员培训、落实人员聘用经费等方式，积极探索长效管理机制，努力使文化设施实现良性运营，为市民提供优质文化服务。

---

①任朝亮、曹晓亮：《使文化享受化为幸福感觉》，大洋网2011年10月13日。

②徐俊忠、汤应武、陆志强：《中国广州文化发展报告（2013）》，社会科学文献出版社2013年版，第6页。

2. 为市民提供免费文化产品和服务

由于市民的收入水平存在差异，部分低收入群体在享受公共文化服务时会出现不均等的情况，广州市按照公共文化服务均等化的要求，通过政府购买服务的方式，支持开展免费看电影、看演出、参观展览等系列惠民活动，各式各类文化服务产品的供给，有效地满足了人民群众文化鉴赏与参与文化活动的需求。

目前，广州市的很多公益性的公共文化设施已经免费向市民开放，遍布每个街道和乡镇社区基层的文化设施也都长期向居民群众免费开放。广州市属的40多家博物馆、纪念馆，大部分免费向市民开放，目前仅有3家收费，分别是广东民间工艺博物馆、西汉南越王博物馆和广州博物馆。这3家博物馆收费都符合国家的有关规定，它们都是古建筑、古遗址，需要一定的经费用于文物保护，而且从保护古建筑、古遗址的角度出发，也需要通过收费控制进馆人数。这3家收费馆与其他公益性文化设施一样，对持证老人和青少年集体参观实行免费，而且每月也有一天免费向广大公众开放。广州坚持开展社区和农村公益电影放映活动，仅在2010年放映电影场次就达15 376场，全市农村基层观众人数达200多万人次。[①]为方便群众借阅图书，广州各级图书馆广泛开展流动图书借阅服务。在广州每年举办的艺术节、国际粤剧节、国际纪录片节、星海合唱节期间，部分演出门票免费向公众发放。

在2013年的“欢乐广州·文艺惠民”2013年文艺演出下基层系列活动中，组织粤剧《刑场上的婚礼》《广府华彩》、音乐剧《西关小姐》等一批精品剧目，深入基层惠民演出156场，低票价演出63场。2014年，

①刘婵：《五年大跨越　文化新羊城——广州基本建成较为完善的公共文化服务体系》，《中国文化报》2011年9月27日。

广州免费安排群众文化活动1730场，艺术进校园20场，送戏下基层惠民演出150场，受益群众180多万人次；发放惠民文艺演出、节展及展览等文化活动门票10.2万张。[①]各项惠民工程的实施，有效地缓解了广州市低收入人群和部分农村群众“看书难看电影难看演出难”的问题，使每一位群众都能享受到基本均等的公共文化服务。

（二）推动公共文化资源共享

通过文化资源共享推动公共文化集约发展是公共文化服务体系建设的综合工程，关乎人民群众文化生活的方方面面。由于很多文化惠民工程分属不同的行政部门管辖，一定程度上造成了设施和内容的浪费，影响了公共文化服务的实效，广州市在推动公共文化服务体系建设中也注意解决这一突出问题。为避免重复建设和不必要的浪费，广州市提出“共建共享共同提升”的原则，强调“大文化”的概念，即公共文化的发展，不仅仅局限于某一个行政部门管辖的范围，只要是关乎老百姓文化生活的惠民资源，就应该打破部门之间的界限整合利用，推进集约型的公共文化服务体系建设。比如文化室建设，除了传统的图书阅览、文艺演出、文化活动外，还增添了广播电视、科普培训、计生、体育等内容，同时也将农家书屋、绿色网园、文化信息资源共享工程基层服务点、星光老人之家、党员活动室、科普室的建设合为一体，一室多用，共建共享，充分发挥了集约效益，满足了群众的需求。此外，广州市还积极推进数字资源建设和共享工作，实现数字电视和数字广播信号在北部农村山区的全覆盖，稳步推进广播电视村村通、农村数字电影放映、

①徐俊忠、陆志强、顾涧清：《中国广州文化发展报告（2015）》，社会科学文献出版社2015年版，第3页。

农家书屋、绿色网园等项目的建设。2010年市级财政投资数千万元建成的广播电视“村村通”“户户通”“渔船通”工程惠及广大基层群众，使广州市的广播电视覆盖率达到100%。目前，这一工程每年都在不断完善和巩固，维护经费也得到了保障。

（三）广泛开展文化惠民活动

在推动公共文化服务体系建设的过程中，广州市各级政府积极将文化民生作为改善民生的重要组成部分，将文化幸福作为幸福指数的重要衡量尺度，通过组织开展丰富多彩的文化惠民活动，努力使人民群众把文化的享受转化为幸福的感觉。

1. 利用传统节日开展文化惠民活动

广州市政府每年在大型传统节日期间，通过举办各种文化活动实现文化惠民。例如，迎春花市是广州市一项历史悠久的民俗文化活动，改革开放以来，政府每年都投入大量的人力物力举办迎春花市，既迎合了市民欢乐过节的节日气氛，又牢牢巩固了广州作为花城的文化地位，深受市民群众的欢迎。近年来，广州每年举办的迎春花市深入挖掘民俗文化资源，又结合现代潮流元素，花市越办越好，影响不断扩大，中外游客慕名而至，现在已经形成“广州过年・花城看花”的著名广州文化品牌，影响全国、辐射东南亚。每年在端午节期间举办国际龙舟邀请赛，国内外的参赛队伍逐年增多，广州城乡居民踊跃参与，成为广州市民的一大文化盛事；广州市文化馆每年在中秋节举办中秋文艺演出，这成为广大市民的文化大餐。

广州市各区根据本区文化特色，结合本区文化传统和人文特色，认真策划，积极开展传统文化进社区、进街道、进生活活动，打造“一区一品牌”“一街一品牌”“一社区一特色”的基层群众文化活动。一批群众喜闻乐见、影响深远、特色突出的文化品牌项目已经成为群众文化的重要载体。黄埔区利用区内南海神庙的民俗文化资源，举办广州民俗文化节暨黄埔“波罗诞”千年庙会活动，经过十几年的打磨，这项活动目前已成为广州民俗文化活动的精品。番禺区紧扣“星海故乡，广州新城”的定位目标，着力打造星海文化品牌，举办星海艺术节、星海国际合唱节等系列活动；荔湾区利用老城区文化资源举办老广州民俗文化节和“北帝诞”民俗文化节活动；天河区挖掘珠村的乞巧文化资源每年举办乞巧文化节；南沙区则利用水乡文化资源组织水乡文化节和妈祖文化节。此外，原萝岗区举办的香雪文化旅游节、增城区举办的广场音乐文化节、白云区举办的“白云风采”、从化举办的“春催流溪”等文化活动，都成为吸引广大群众参与的文化盛会。

2007年开始，花都区每三年举办文化欢乐节、合唱节、盘古王民俗文化节，保持每年都有两项以上全区性的大型文化活动，并逐步将之打造成本区文化品牌。荔湾区大力推进“1101”文化工程（一个主题、十支队伍、一台精品），以“穗港澳粤剧日”为平台，弘扬粤剧粤曲艺术，打造中国曲艺之乡品牌。各区的很多街道社区在节假日举行展览、游园、文艺晚会、免费电影放映等多项文化活动，各街道建设异地务工人员图书漂流驿站，免费开放体育设施、图书馆，依托街道社区文体活动中心、小广场、小公园等场所，组织开展具有浓郁本地特色、本土文化气息的社区活动，如幸福西关游、幸福美食节、幸福健身日、幸福志愿日、幸福齐参与、幸福成果展等，广大市民群众积极参与到活动中，充分感受到节日的温暖快乐，生活的幸福感油然而生。

2. 组织开展群众性文化活动

“日日有活动、周周有节目、月月有演出、季季有高潮”，这是市民形容广州群众文化活动浓烈氛围的话语。目前，全市各类群众文艺团队（含合唱、歌咏）已达5000多个，文化辅导员3000多名，广场活动、文艺展演、免费电影、知识竞赛、读书活动等已成为经常性的群众文化活动。同时，广州市的群众文化活动紧紧围绕党和政府的中心工作，配合各项思想政治主题宣传教育，为广大群众搭建了自我教育和学习提升的公共文化平台。仅2013年，全市群众文化活动共举办1340场，全市农村电影共放映15 493场，观影人数285万人次，举办专业演出20场，市内各博物馆共举办展览157场。[①]全市各级文化行政管理部门积极组织文艺小分队进基层，借助公共图书馆、文化馆、文化站和文化室，利用1500多个文化广场，开展形式多样、丰富多彩的群众文化活动。2016年，广州组织了第三届广州合唱节暨省第十二届“百歌颂中华”歌咏比赛，同年底又举办了“广州市群众艺术优秀舞蹈团队展演与评选比赛”，这些群众积极参与的文化活动，都取得了较好的效果，市民的综合素质得到了提高。

3. 组织开展各项主题文化活动

多年来，广州市各有关部门积极组织开展了不同类型的专题文化活动，加强社会主义核心价值观教育，推动社会主义先进文化建设，深受广大市民的喜爱，如“广州论坛”“羊城学堂”“广州读书月”“羊城之夏”“都市热浪”“公益文化春风行”“垃圾分类社区美，以及幸福生活广州梦”的垃圾分类主题宣传社区巡回演出活动、“唱炫梦想”广州市外来工歌唱大赛、“金钟进社区”等系列群众文艺活动。其中，启动于1980年的“羊城之夏”群众文化广场系列活动，一直坚持举办了30多届，现在已成为广州市的知名群众文化活动品牌；启动于2005年的

---

①陈小文：《广州市公共文化服务均等化问题研究》，华南理工大学2014年硕士论文。

“公益文化春风行”大型文化系列活动，也一直延续到现在，每年都在举行。通过这些大型系列文化活动，以群众喜闻乐见的方式宣传党和国家的政策，传播社会主义核心价值观，宣传我国治国理政的方略和全面建成小康社会的奋斗目标。通过各类文化节目演绎群众生活的方方面面，寓教于乐，达到润物无声的效果。“关爱下一代”——广州市未成年人思想道德教育百场免费演出活动是广州市打造的又一个大型文化主题活动，成为青少年道德教育的品牌活动，每年为青少年免费演出100场话剧、芭蕾舞剧等各门类艺术精品，全市大部分青少年观看了演出。不仅丰富了青少年的业余文化生活，而且培养了青少年的艺术欣赏能力，现在已成为青少年艺术精品鉴赏和思想道德教育的大舞台。

4. 开展特色文化活动

广州市各区在组织开展特色文化活动方面也颇有成绩，各区都形成了不少文化活动品牌。越秀区大胆创新，在广州市内首创了文艺“双结对”活动。2015年，越秀区首创的文艺“双结对”活动搭建了一个文艺家深入基层、扎根人民、汲取生活深厚养料的平台。辖内的文艺协会与街道社区、文艺名家（专家）及民间文艺骨干通过结对子，开展了众多丰富而接地气的文艺惠民活动，把文艺工作者的创作热情和群众的文化需求真正对接起来。据统计，2017年，有13个文艺协会与全区18条街道通过“一对一、一对多”结对帮扶与双促进的形式，共结成29对结对单位、90对协会文艺家与街道文艺骨干的结对文艺人才，举办文艺结对的展览、演出、讲座、培训等活动120项，共计381场次，惠及群众约6万人次。[①]活动丰富了街道和社区居民的文化生活，得到街道和居民的广泛欢

①李丹、张慧：《办活动381场次　惠及约6万人次》，《南方日报》2018年1月19日。

迎，取得了良好的社会效益。经过多年的探索实践，文艺“双结对”将更坚定地迈出文化自信的步伐。中共越秀区委宣传部、越秀区文学艺术界联合会正通过进一步完善机制，规范相关活动开展，鼓励文艺家、文艺协会更尽情、更深入地投身街道、社区的文艺事业，同时也在经费上支持协会、街道开展文艺展演活动，保障活动的顺利开展。文艺“双结对”调动了越秀区文艺团队和文艺爱好者的积极性，在与文艺专家的交流、沟通、学习的过程中，爱好者们的文艺素养和专业水平也在不断提高，而在越秀区，以群众为主体的基层文艺队伍有着更多机会。

5. 开展特定人群的文化惠民活动

为了更好地推进公共文化服务的标准化、均等化发展，广州市近年来也重视加强对特定人群开展公共文化服务。2014年举办了主要以外来务工人员为服务对象的“异乡人·广州情·中国梦”广场电影公益活动，每周在外来务工人员集中的地区免费为外来务工人员放映大量的电影，受到外来务工人员的欢迎。另外，公共文化服务也不断向弱势群体倾斜。近年来，广州市在公共文化服务场所陆续建设、完善残疾人通道，增加为残疾人服务的设施。例如，广州博物馆有专门为盲人服务的盲文出版物、盲人信息化科技服务设备等文化产品。广州图书馆也提供了盲文图书并设立了盲人借阅系统。2014年，广州市文化馆和广州市残疾人安养院联合香港福幼基金会共同举办了“艺术·梦想——广州市残疾人安养院助残日残疾人艺术展”，为残疾人参与公共文化活动打开了方便之门。

40年来，广州市的公共文化服务体系建设虽然取得了一定的成就，但是还存在着一些问题，必须正视，例如：公共文化服务设施建设还存在着不均衡现象，一些老城区投入较多，一些面积大的新区投入少，导致这些新区的公共文化服务设施不能满足群众的需要；对公共文化设施只重视建设，而日常的运转投入则不足，导致运转效率低下；一些文化单位创作的文化产品只满足于拿政府的奖项，拿奖后就束之高阁，并没有真正走向市场满足群众的需要；等等。另外，还有一个突出问题就是广州的数字化公共文化建设落后于全国许多城市，公共文化服务的数字化建设仍然停留在局部性和碎片化层面。公共文化服务的数字化建设不等同于单一场馆（如图书馆、博物馆）的数字化，单一场馆的数字化只能是数据库建设，而不是互联互通的联动平台建构，联通共享才是数字化文化建设的目标所在。因此，广州今后应该在公共文化服务的数字化建设方面下大功夫，才能更快地提升广州市公共文化服务建设的水平，才能更好地满足广大人民群众对公共文化服务的更高需求。

第六章

文化传承与跨越发展

习近平总书记指出："不忘历史才能开辟未来，善于继承才能善于创新。优秀传统文化是一个国家、一个民族传承和发展的根本，如果丢掉了，就割断了精神命脉。我们要善于把弘扬优秀传统文化和发展现实文化有机统一起来，紧密结合起来，在继承中发展，在发展中继承。"[①]改革开放40年来，广州既高度重视对岭南文化的传承和保护，体现着对文化自信的坚定和自觉；同时，也结合城市文化建设和发展的需要，坚持不忘本来、吸收外来、面向未来，大力推动中华优秀传统文化、党领导人民创立的革命文化和社会主义先进文化之间的融合发展，不断提升广州作为文化之都的影响力、引领力和辐射功能，不断向世界展示出率先改革开放所形成的文化魅力和文化风采。

一、加强对文化遗产的保护与传承

广州作为一座拥有2200多年历史的文化名城，自秦始皇设南海郡以来，一直是岭南地区的政治、军事、经济和文化中心，有着丰厚的历史文化资源，从秦汉时期的南越王墓、南越国宫署遗址到清代的陈家祠、

①《习近平谈治国理政》第二卷，外文出版社2017年版，第313页。

十三行，再到近代的黄花岗、黄埔军校、农民运动讲习所，纵跨两千余年的历史见证着广州的发展变化。1982年国务院公布了第一批24个国家历史文化名城，广州因其悠久的历史和丰富的文化资源而名列其中。改革开放以来，广州市高度重视文化遗产的保护工作，针对名城保护的重点、对象和体系等问题不断进行摸索和实践，不仅增强了广州这座城市的历史记忆，而且彰显了这座文化名城的丰富内涵和历史底蕴。

（一）加强历史文化名城的保护

1. 制定历史文化名城保护政策

回顾广州历史文化名城保护的历程，早在1983年，广州就编制了《广州市历史文化名城保护与城市景观保护规划》，提出了点、线、面结合的保护体系，并划定了三处传统民居保护区。1988年实施的《广州市城市规划管理办法实施细则》规定应保护文物古迹、传统民居和制定相关的保护措施。但20世纪90年代中后期，伴随着城市化建设步伐的加快，文化遗产保护一度面临十分严峻的形势，1998年制定的《广州历史文化名城保护条例》应运而生，要求保护具有历史特色的城市格局和风貌，体现传统特色的街区、地段、村寨等，文物古迹和近现代史迹，风景名胜，传统文化艺术、民俗风情、民间工艺的精华和著名传统产品。2003年，广州启动《广州历史文化名城保护规划》（以下简称《规划》）的编制工作，中途几易其稿，经过历时11年的艰难探索，于2014年正式生效。这部《规划》也成为广州规格最高的历史文化名城保护规划。《规划》确定了广州历史文化名城的核心价值与特色，包括对26片历史文化街区和19片历史风貌区的保护，空间上主要分为三个保护层次：历史城区的保护，历史文化街区及历史文化保护区的保护，文物古迹的保护。其中，历史城区保护格局包括古城轮廓保护、建筑高度控制、城市传统中轴线保护和骑楼街保护等。

为了贯彻落实《规划》，广州又公布和实施了《广州市历史建筑和历史风貌区保护办法》，规定了历史建筑和历史风貌区的认定要求与保护要求，并明确了保护责任人和管理监督机构；出台《广州市历史文化名城保护条例（修订）》，明确名城保护规划的保护对象，建立保护名录制度；制定《广州市历史建筑维护修缮利用规划指引（试行）》，为历史建筑的保护与修缮提供技术手段和程序指导。同时，广州对市域范围内不可移动文物、历史建筑和传统风貌建筑、国有可移动文物、非物质文化遗产进行摸查，逐渐建立完善包括历史城区、历史文化名镇名村、历史文化街区、历史文化风貌区、文物保护单位、历史建筑、传统风貌建筑和非物质文化遗产保护相结合的多层次名城保护规划体系。

目前，在《规划》的全面引导下，广州已经建立并逐渐完善了点、线、面相结合的城市历史文化保护体系。“点”是指以各级文物保护单位及近现代优秀历史建筑为主体的保护内容；“线”包括传统街道（如上下九传统商业街）和传统中轴线（北起越秀山中山纪念碑，经中山纪念堂、市政府办公大楼、人民公园至海珠广场）；“面”包括历史文化街区（保护区）和历史风貌区，前者指文物古迹比较集中的区域或比较完整地体现某一历史时期传统风貌或民族地方特色的街区、建筑群、镇、村寨、风景名胜，后者指城市中历史建筑集中成片，建筑样式、空间格局和街区景观较完整地体现某一历史时期地域文化特点的地区。可以说，改革开放40年的历程，见证着广州城市面貌的不断发展变化，历史文化名城的保护工作在摸索规律中扎实前行，既不能毕其功于一役，也不能顾左右而言他。在新时代，广州历史文化名城的保护要在习近平新时代中国特色社会主义思想的指引下，积极推进，勇于创新，不断阔步迈向新的未来。

2. 突出历史文化名城的“四地”特色

广州地处珠江三角洲北缘，濒临南海，邻近香港、澳门，是中国通往世界的南大门，也是粤港澳大湾区的核心城市和“一带一路”的枢纽城市。在独特的地理条件和历史文化传统的塑造之下，广州逐渐形成了开放、务实、包容、多元的城市文化性格，其文化资源的特色集中地概括为以下“四地”：

一是中国古代海上丝绸之路的发祥地。秦汉时期，广州就开始了海上贸易；到了唐朝，广州已成为著名的国际港口；明清时期，广州更是全国重要的通商口岸。纵观历史，广州是我国两千多年来唯一一个从来没有停止对外开放的地方，浓郁的商贸文化氛围也成为广州的城市特色，历久而不衰并一直延续到现代。

二是岭南文化的中心地。广州长期作为岭南地区政治、经济、文化中心城市，有着深厚的历史文化传承，使广州成为融聚岭南文化精粹之地。贯穿于广州文化中的开放意识、市场意识和开拓意识，是岭南文化最突出的表现。学术、文学、音乐、美术、戏剧、曲艺、建筑园林、饮食等各个层面，无不展现着岭南文化的动人魅力。

三是中国近现代民主革命的策源地。广州在中国近现代政治舞台上扮演了举足轻重的角色，民主革命的许多重大事件都发生在广州：三元里民众抗英斗争，揭开了近代史上中国人民反帝斗争的壮烈一幕；康有为在广州创办万木草堂，推动维新变法；孙中山在广州领导推翻封建帝制的武装起义，建立革命政权；广州也是马克思主义在我国最早传播的地区之一，我们党在广州开办了农民运动讲习所并领导了著名的广州起义。许多近现代史上的风云人物，在广州也留下了浓墨重彩的身影。广州还有黄花岗七十二烈士陵园、孙中山大元帅府、黄埔军校、全国总工会、中共三大会址、广州农民运动讲习所、广州苏维埃政府等许许多多被列为国家级重点文物保护单位的重要遗址。

四是当代中国改革开放的前沿地。改革开放以来，广州得风气之先，以敢为人先的胆识和气概，开拓创新，在建立健全社会主义市场经济体制的理论和实践探索中，取得令人瞩目的丰硕成果，创造了许多引领时代潮流的新鲜经验，为丰富中国特色社会主义的实践内涵提供了鲜活的地方样板。

“四地”文化较为准确概括了广州从古代、近代、现代到当代的发展历程，是对广州千年城市形象的浓缩和提炼。保护、传承好“四地”文化特色，是广州守护文化印记的重要内容。只有秉持传承与创新的文化理念，融汇古今、贯通中西，广州的文化发展才能迈向美好的明天。

3. 加强对重要历史文化遗产的保护

改革开放40年来，广州始终高度重视对重要历史文化遗产的保护。作为一座有着悠久历史的名城，广州的历史文化资源十分丰富，文物古迹很多。截至2017年底，广州有国家、省、市三级文物保护单位424处，其中全国重点文物保护单位29处，省级文物保护单位48处，市级文物保护单位347处；此外，区级文物保护单位325处，登记保护文物单位3090个。南越王墓有2000多年历史，光孝寺、六榕寺、怀圣寺等都有1000多年历史；还有始建于隋朝的南海神庙，明朝的五仙观、镇海楼、莲花塔，清朝的陈家祠、余荫山房等。

广州对重要历史文化遗产的保护，走过了极不平凡的历程。20世纪70年代在广州老城区中山四路发现秦统一岭南时的造船遗址，80年代发现南越王墓，90年代发现南越国宫署遗址。这三项重大发现，被誉为广州秦汉考古的三大发现。2010年，广州举办亚运会前夕，南越王宫博物馆局部对公众免费开放，展示的内容是2000多年前的南越国王宫御苑遗迹、遗物，并专门设有录像和导览系统。2012年11月，南越国宫署遗址被列入中国海上丝绸之路申报世界文化遗产的遗产点之一，世界历史遗址基金会公布的“2012年世界遗址观察名单”也将南越王宫署遗址列入其中。此外，广州重修了大佛寺，设计并建设粤剧艺术博物馆、南粤先贤馆，编修了《广州大典》，对厚重的岭南文化重新发掘、整理、活化，积极培育新岭南文化中心地，使广州的文化建设焕发出新的生机。

除了重视历史文化遗产的保护，广州也高度重视对历史文化街区的再造与活化。20世纪90年代，由于片面强调城市建设的经济效益，一些具有重要文化价值的历史文化街区遭到了一定程度的拆毁。进入21世纪后，特别是广州出台《规划》以来，恩宁路、南华西、新河浦、沙面等一批具有历史文化风貌的街区，得到了有效保护和活化，并融入了一些新兴文化业态，既保留了原有历史文化街区的特质，也适应形势的发展，展现出勃勃生机与活力，在新时代正以全新的姿态迎接崭新的未来。

（二）加强非物质文化遗产保护

非物质文化遗产（以下简称“非遗”）是以人为本的活态文化遗产。广州作为一座历史文化名城，拥有十分丰富的非遗资源，这既是中华传统优秀文化宝库中的珍宝，也是岭南文化的精华所在、文脉所系。2005年3月，广州的非遗保护工作正式启动。2006年，广州建立了非遗保护工作联席会议制度，并成立了非遗保护工程专家委员会，在政府和学者层面为非遗保护工作提供了通道。2007年2月，广州市非物质文化遗产保护中心在广州市文化馆正式挂牌成立。这是广州市非遗保护的专业机构，负责执行全市非遗保护的规划、计划和工作规范；组织实施和指导开展全市非遗的普查、认定、申报、保护和展览、宣传、推介及交流传播工作。广州市非物质文化遗产保护中心的成立，标志着广州非遗保护工作有了专业的负责机构，此后，广州的非遗保护逐渐开展起来。经过十多年的发展，目前，广州已初步探索出一条政府主导、体系完备、机制健全、全民参与、具有广州特色的非遗保护之路。

1. 非遗名录和传承人体系不断完善

广州在广泛开展非遗普查的基础上，已开展了五批非遗名录及代表性传承人的申报认定工作。其中，国家级名录项目17项，省级名录项目68项，高级名录项目107项。粤剧和古琴艺术（岭南派）还被列入联合国人类非遗代表作名录。目前，广州已建立起国家、省、市三级非遗项目和非遗传承人保护体系。

表6-1　广州市五批非遗项目概览

批次	新增名录	扩展名录	所涉门类
第一批	35	0	民间文学（1）、民间音乐（4）、民间舞蹈（5）、传统戏剧（1）、曲艺（3）、民间美术（8）、传统手工技艺（2）、传统医药（2）、民俗（9）
第二批	29	4	民间文学（3）、传统音乐（2）、传统舞蹈（3）、传统戏剧（1）、传统技艺（11）、传统医药（5）、民俗（8）
第三批	6	6	传统舞蹈（3）、传统美术（3）、传统技艺（3）、传统医药（1）、民俗（2）
第四批	7	12	传统音乐（1）、传统舞蹈（1）、传统美术（4）、传统技艺（7）、传统体育（2）、民俗（4）
第五批	19	7	民间文学（3）、传统舞蹈（1）、传统体育杂技与游艺（5）、传统美术（1）、传统技艺（7）、传统医药（1）、民俗（8）
合计	96	29	

2. 非遗展示形式多样

非遗作为一种传统文化样态，一般民众并不熟悉，近年来，广州多次开展非遗展示活动，通过举办各种各样的普及展览，让非遗走近寻常百姓，提升市民对非遗的认知水平。每年6月的第二个星期六是我国的文化遗产日，广州已连续多年成功举办以普及非物质文化遗产为目的的广场活动，抓住“广场”和“展演”作为活动关键词，让市民更积极地参与到非遗保护活动中来。

此外，广州市文化部门及非遗保护中心以传统节日为载体，通过与公共服务平台的合作，大力展示非遗项目，与此同时，也在城市公共文化空间中大量融入非遗元素，扩大了非遗的公共影响力。广州还积极参加全国乃至国际上的相关活动，通过展会、交流访问等多种形式大力推广广州的非遗文化，既传播了广州的文化形象，也提升了城市的美誉度和认同感。

3. 不断加大非遗保护投入力度

2015年11月，广州市政府常务会议通过了《广州市保护非物质文化遗产弘扬岭南文化工作方案》（以下简称《方案》），这对于加强顶层设计，推动广州非遗保护与传承，为未来广州非遗工作的定位与方向提供了制度上的保障。《方案》提出要设立非遗专项经费，提高传承人的补助额度，对广州市非遗代表性传承人的资金补贴由原来的每人每年3000元提高到1万元，并鼓励各区设立非遗专项资金。非遗的最大特点在于以人为载体，人是传承中最为活跃的因素。落实非遗专项经费，对于支持非遗代表性传承人授徒传艺，收集、整理非遗档案资料，开展传承培训活动和扶持传承基地，无疑都具有重要而积极的推动作用。

4. 非遗民间传承有序开展

为了解决非遗传承后继乏人的问题，近年来，广州开设了青少年暑期传承班，将非遗项目引进课堂，收到了良好的社会反响。2014年，广州市非遗保护中心又开设了春季和秋季“非遗学堂”，开设课程包括广绣、广彩、榄雕、醒狮、太虚拳（南派太极）推手、岭南盆景等，主要面向成年人传授非遗项目。此外，在青少年暑期“非遗学堂”的基础上，广州市非遗保护中心还推出“体验非遗”亲子班，通过参观非遗项目单位、传承人工作室、与传承人互动等形式，融实地参观与课堂学习为一体，延展了非遗传承的社会关注度与群众认可度。

（三）彰显千年商都的城市魅力

作为海上丝绸之路的发祥地，早在2000多年前，广州就通过商贸活动与世界连接。汉代时期，中国船队从广州出发，远航至东南亚、南亚诸国通商贸易，中国的丝织品、瓷器、铁器、铜钱、纸张、金银等以广州为起航站运往海外，换回珠宝、香药、象牙、犀角等物品。唐代的广州，是世界最大的贸易港口之一，唐代以广州为起点的“广州通海夷道”长达14 000公里，已到达阿拉伯半岛和东非国家，为当时世界上最长的航线。“连天浪静长鲸息，映日帆多宝舶来。”刘禹锡用这样的诗句描绘唐朝海上贸易的繁盛景象。据统计，公元713—741年间，每年来广州贸易的外国商人达80多万人次，以波斯人和阿拉伯人为主的海外商人都以此为据点经商。到13世纪，广州已与140多个国家和地区有贸易往来。

1757年，清廷宣布对外通商仅留粤海关，中国对外贸易进入“一口通商”的特殊时期。此后的85年间，大量的茶叶、丝绸、陶瓷等商品聚集广州运往世界各地，作为清廷专设经营对外贸易的商行，广州“十三行”更是开启了中国以贸易连接全球的历史，也使得广州在18世纪成为世界著名的贸易之都。今天，广州港与世界上100多个国家和地区的400多个港口有海运往来。广州港已与澳大利亚悉尼港、新西兰奥克兰港、韩国仁川港、意大利那不勒斯港、法国波尔多港、英国布里斯托港等32个港口建立了友好港合作关系，海内外影响力和知名度不断提升。

历史上的广州有重商的传统，中华人民共和国成立以来，广州也延续了这种外向型城市的特色，成为我国对外进行商贸往来的重要窗口。著名的广交会，从1957年春季创办至今已连续举办60多年，是我国历史最悠久、规模最大、到会采购商最多的综合性国际贸易展会。广州的商业市场十分发达，曾有单个专业市场近1000个，平均每年成交额在6000多亿元。如今广州的商业氛围十分浓厚，2015年广州市新注册企业超10万家，其中注册资本1亿至10亿元的企业649家，注册资本10亿元以上企业62家，企业数量位居全国前列。毋庸置疑，广州一直是我国华南地区首屈一指的商贸中心。

放眼全球，可以说广州在全球城市发展史上也是一个奇迹。纽约、首尔、东京等世界名城都是过去500年间才开始繁荣崛起的，上海开埠时间不过170多年，香港也是从20世纪50年代才繁荣起来的，而曾经与广州一起站在世界巅峰的威尼斯如今早转型为旅游城市。在全世界所有城市中，只有广州是保持千年不衰的商业型城市。《福布斯》杂志曾5次将广州评为“中国大陆最佳商业城市”第一名，特别是2013—2015年连续3年获此殊荣。可见，广州确实是一座名副其实的千年商都。

站在新的起点，广州着力实现从“千年商都”向“现代商都”的转变。“十三五”规划期间，广州市抓住迈向高端可持续发展的黄金期、窗口期、机遇期，聚焦国际航运中心、物流中心、贸易中心和现代金融服务体系，着力建设国际航运枢纽、国际航空枢纽、国际科技创新枢纽，优化提升一江两岸三带，构建高端高质高新的现代产业新体系和开放型经济新体系，以提升城市品质和国际竞争力。从2014年起，广州市委、市政府每年组团参加冬季达沃斯、夏季达沃斯、博鳌亚洲论坛、中国发展高层论坛等国际顶级会议，与跨国公司高层会晤，邀请他们来穗考察、投资，洽谈了一大批项目。思科智慧城、GE生物科技园、分众传媒总部、复星集团南方总部、小米集团（雷系）华南区总部、TCL云计算产业园、国药集团华南地区医疗耗材供应链平台、中铁建南方总部基地等投资总额均超10亿元项目，纷纷落户广州。新规划的琶洲互联网创新集聚区将以互联网服务及新媒体、新兴信息技术服务、量子通信、电子商务、新型金融、人工智能六大产业发展为主导，到2025年，示范区互联网产业规模将达2000亿元，充分展示着广州这座千年商都的商业新未来。

二、提升城市文化内涵和文明形象

改革开放40年来，广州得风气之先，大胆探索，先行先试，经济建设取得了十分辉煌的成就，成为向国外展示中国改革开放的重要窗口。2017年，广州地区生产总值突破2万亿元，人均地区生产总值也超过15万元，按照国际标准，广州的经济实力已经跃升到足以和一些国家、地区等经济体相比肩的阶段。但在文化建设上特别是从城市形象的宣传来看，广州要从国家重要中心城市追赶全球顶尖城市，还有很长的路要走。在新时代，讲好中国故事、传播中国好声音是落实党的十九大精神，建设文化强国，推动中华文化走向世界的重要组成部分。具体到广州的实践，如何弘扬岭南文化、找准城市文化发展的目标定位，就成了支撑广州长远发展十分紧迫的课题。

（一）城市文化形象的理性塑造

当今世界，城市的核心竞争力已经不仅体现在经济和技术上，更体现在文化和品牌上，城市不仅以文化论输赢，而且要以文化定未来，城市之间的竞争日趋演变为经济和文化的融合，以及在这个基础上的相互文化竞争。一座城市，如果没有鲜明的城市形象，如果没有文化和品牌来支撑，那么这座城市就会失去灵魂和色彩，其经济和社会等方面的发展也是难以持续的。简而言之，城市形象，是历史、文物、风景、建筑、文化等各种要素的结合，是一座城市在“体形、面孔和气质”等个性特征方面的综合表现，也是人们对这座城市的深刻印象和整体感知。

应该指出的是，文化形象是城市形象的核心，一个城市的文化形象，不仅包括其历史文化、文化产品、文化设施、人文特质、精神风貌，而且还应包括市民的思维方式、生活方式、价值准则、消费心理、饮食习惯等。一个城市的文化形象塑造过程是非常复杂的，它既要有一套名称、口号和标志象征，还要找到自己城市的核心价值和品牌定位。在这其中，城市品牌的塑造尤其关键。所谓城市品牌，不仅是城市历史文化和特色资源的产物，也是城市的无形资产。一个城市拥有响亮的品牌，不仅可以提高城市的知名度、美誉度，增强城市的影响力和竞争力，还可以提高市民对城市的归属感、自豪感，增强城市的凝聚力和向心力。城市品牌就是向社会公众提供持续的、值得信赖的、有关联的特别印记，以提高社会公众对这座城市的认知程度和反应效用，增强城市的聚积效益、规模效益和辐射效益。城市品牌还凝聚和体现着一座城市的功能、理念、愿景和整体价值取向，并由此产生出城市的辐射力和吸引力。

广州绵延2000多年的城市历史记忆，是提炼广州城市文化形象的历史之“根”，这其中包括民间艺术、节日习俗、城市传说、城市故事等，连接着城市的日常生活记忆和现实图况，形成一种“连续的时间感”，使人产生对城市历史的悠久、现实的辉煌的亲切感、自豪感，这也是认同、涵化、延续城市文化形象的纽带。广州当代城市风貌的发展演变则成为凝结城市文化形象的“魂”。云山珠水的生态花城，宜居宜业的现代商都，开放包容的城市性格，无不展现着广州作为现代国际大都市的魅力。不同于“京派文化”强烈的政治责任感和“海派文化”精明稳健的作风，“广派文化”充满了生存危机和竞争意识；不同于巴黎的“浪漫”和英国的“绅士”，广州给人的第一印象是“实在”：二者的结合，造就了广州“敢想稳干”的形象，也进一步加强了市民的地方文化身份认同。广府文化作为岭南文化的突出代表，开放的环境培养了广州的包容意识和心态。广州是一个典型的移民城市，历史上曾先后掀起过多次移民潮，广州不仅是内陆省份人口的重要输入地，同时也是海外华侨的主要输出地，广州的人口构成充分反映了广州的流通性和贸易性，人口的流入流出，带来了信息、资源、文化的交流和互动，由此形成广州人互通、交换、分享、合作的行为偏好。

为准确表述广州城市形象内涵，打造城市形象品牌，展示城市魅力，2009年广州面向海内外广泛开展了“城市形象表述词有奖征集活动”。综合公众投票和专家评审，“千年羊城，南国明珠”被选定为广州城市形象表述词。“千年羊城”，反映了广州深厚的历史底蕴和丰富的文化内涵；“南国明珠”，准确概括了广州过去和现在的重要地位，展望了广州美好的未来。“千年羊城，南国明珠”八字，通俗易懂，言简意赅，确实是广州一张独具魅力的城市名片。从时空序列上讲，“千年羊城，南国明珠”深刻反映了广州这座城市的历史、现状和未来；从逻辑关系上看，“千年羊城，南国明珠”准确描述了广州的经济、政治、文化和社会地位；从传承来看，“千年羊城，南国明珠”高度概括了广州传统的“羊城”“穗城”“花城”“千年商都”“食在广州”“中国南大门”等美称，同时展望了广州未来发展的蓝图。可以说，“千年羊城，南国明珠”既是对广州传统美称的高度概括，又是对广州历史、现状和未来的综合体现。将“千年羊城，南国明珠”确定为广州的城市形象表述词，是广州对自身城市文化形象探索的一次成功尝试，显示了广州城市的鲜明个性和特色，使广大公众对广州城市形象有了更加清晰的认识。这一城市形象定位，对于打造城市文化品牌，增强城市文化软实力，提高城市竞争力，都有着重要的意义和作用。

值得指出的是，广州在积极塑造城市文化形象的同时，还不断掀起对广州城市精神的讨论，以从价值引领的维度增强城市的认同感与归属感。2004年，为推进广州城市精神与时俱进，经过为期一年的“广州人精神大讨论”，由专家学者和市民大众共同评选和提炼出三条“新时期广州人精神”的通行性概括：“开放开拓，诚实务实，和合和谐，卓越超越”“生猛锐进，务实诚信，开放兼容，达观淡定”“开新天地，创新财富，建新生活，辟新境界”；两条“新时期广州人精神”的特色性概括：“江海情怀，红棉品格，乳虎精神”“江海情怀，红棉品格，榕树气质，弄潮精神”。这次大讨论也引发了新时期对广州城市精神的反思与提炼。

2010年，借亚运会的契机，广州积极开展城市精神大探讨活动，将广州的城市精神概括为“务实、求真、宽容、开放和创新”，将广州亚运精神概括为“敢想会干为人民，和谐包容共分享”，将广州当下社会共识凝聚在亚运会吉祥物“五羊”上，形成了“祥和如意乐洋洋”的氛围。后亚运时代，广州为创建全国文明城市，积极推出了广州创文宣传片之广州城市精神篇，再次强调和宣传了广州“敢为人先、奋发向上、团结友爱、自强不息”的城市精神，背后凸显广州市民焕发的公民意识、政府与市民的良性互动，以及包容开放的城市精神。

2016年2月，国务院对广州市城市总体规划进行了批复，将其定位为“广东省省会、国家历史文化名城，我国重要的中心城市、国际商贸中心和综合交通枢纽”。当前，广州依托特有的自然、经济资源和历史文化特色，明确其“国家重要中心城市、国际商贸文化城市、世界文化名城”的战略定位，切实发挥好文化引领作用，弘扬广府优秀传统文化，荟萃广府文化精华，引领文化创新，努力打造“开放、包容、创新、务实”的城市文化品牌，以彰显“千年羊城，南国明珠”的独特魅力。

（二）促进“商旅文”融合发展

联合国教科文组织（UNESCO）将“文化旅游”（cultural tourism）定义为：一种与文化环境包括景观、视觉、表演艺术和其他特殊地区生态形态、传统价值、事件活动，与其他具创造和文化交流过程的一种旅游活动。文化旅游的快速发展是当前世界旅游业发展显著的趋势之一。以文化旅游为重点的文化产业的发展正成为后工业化时代城市经济增长的重要驱动力量。此外，文化旅游的发展也是城市更新的一种重要手段。将蕴含着丰富文化内涵的历史遗产予以适当整治、修葺以打造成为适合现代旅游市场需要的旅游产品，既可以展现城市的文化内涵、文化形象，又可以为老城区的经济发展注入新的活力、改善老城区的人文环境和空间环境。文化旅游的发展推动文化遗产的“活化”再生、推动城市更新，而城市更新的推进，也可为文化旅游的发展提供机会与动力。

改革开放以后，持续快速的经济发展和大规模的现代化城市建设、急剧提升的城市地位，使得人们更多关注广州的经济发展，因此，广州深厚的文化底蕴反而不为人们所充分认识，甚至还被某些人称为“文化沙漠”。事实上作为一个有着2000多年历史的岭南地区中心城市、国家级历史文化名城，广州有着非常丰富的文化旅游资源，这种资源是广州最有开发价值的富矿。

2009年8月，《文化部、国家旅游局关于促进文化与旅游结合发展的指导意见》发布。此后，全国各地相继出台相关政策与措施以促进文化旅游融合发展。广州市委、市政府于2011年确立了“建设文化强市培育世界文化名城”和“建设国际旅游中心城市”的目标；2012年出台了《关于培育世界文化名城的实施意见》；同年，广州把“文化旅游”列入未来重点发展的九类“优势主导产业”之列。2014年10月，广州成功申报并获批“国家旅游综合改革试点城市”，文化旅游的发展呈现出良好态势。

据统计，与2009年3975.53万人次的接待人数及994.04亿元的旅游业总收入相比，从成功举办亚运会的2010年开始，广州市的旅游业无论游客总数还是旅游总收入，都以惊人的速度快速增长。2011年，广州市共接待国内外游客4594.85万人次，旅游收入突破了1600亿元大关，同比增长高达30%。即使在世界经济普遍不景气的2013年，广州市接待国内外游客总数也达到了5041.92万人次，同比增长达4.8%，旅游业总收入仍呈现上升的态势，达到了2202.39亿元。特别是2016年，广州市全年接待过夜旅游人数高达5940.56万人次。其中，入境旅游者861.87万人次，增长7.3%；境内旅游者5078.69万人次，增长4.6%。在入境旅游人数中，外国人329.68万人次，增长7.0%；香港、澳门和台湾同胞532.19万人次，增长7.4%。旅游业总收入首次突破3000亿元。

表6-2　广州市2010—2016年接待旅游人数和收入统计表

年份	接待人数/万人次	同比增长	总收入/亿元	同比增长
2010	4506.38	13.4%	1254.61	26.2%
2011	4594.85	2.0%	1630.80	30.0%
2012	4809.57	4.7%	1911.09	17.2%
2013	5041.92	4.8%	2202.39	15.2%
2014	5330.05	5.7%	2521.82	14.5%
2015	5657.95	6.2%	2872.18	13.9%
2016	5940.56	5.0%	3217.05	12.0%

数据来源：根据广州市统计信息网年度报表整理得出。

近年来，广州市充分认识到发展文化旅游的重要性。一方面全力支持主要文化旅游景点的发展，中山纪念堂、陈家祠、西汉南越王博物馆、黄花岗公园、黄埔军校旧址纪念馆、荔枝湾涌等文化旅游景区因此发展迅速；另一方面，非常重视文化旅游节庆的发展，如一年一度的广州国际旅游文化节、迎春花市、广府庙会、波罗诞等，都办得有声有色。此外，广州还通过办好中国音乐金钟奖、羊城国际粤剧节、中国国际漫画节、广州国际艺术博览会、中国（广州）国际纪录片节、广州国际设计周等国际性文化节会，不断提升城市的国际知名度与美誉度，使广州成为吸引全球目光的旅游观光目的地。

目前，广州的文化旅游已得到比较充分的融合，正在朝着"商旅文"深度融合的方向发展。所谓"商旅文"的融合发展，就是依托广州的区位条件、产业特色、旅游资源和文化积淀，充分利用广州商贸业、旅游业和文化产业的基础优势和传统优势，以商贸为载体、以文化为内涵、以旅游为媒介，系统推进消费体验与文化特色相融合、商贸活动与旅游会展相渗透的新型业态，将广州打造成为集商品消费、旅游服务消费、文化消费三位于一体的国际化购物天堂和旅游胜地。

值得指出的是，促进"商旅文"三者之间共生共融、一体化发展，是打造广州新的支柱产业的必然要求和战略举措。加强"商旅文"的统筹协调发展，打造"商旅文"复合型产业，不仅有利于提升广州的城市品位和软实力及增强城市综合竞争力，而且对于巩固和强化广州作为全国重要中心城市的地位也具有战略意义。"商旅文"的深度融合是一项系统工程，其中，商贸、旅游、文化既属于不同的产业，又彼此互相关联。正确处理三者的关系，要求构建与全球旅游市场高度契合的现代化旅游产业体系，需通过强化创新体系、打造承载"商旅文"融合的智慧平台、扩大建设基础设施、培育"商旅文"品牌企业，以实现生态景观全面改善、旅游要素高度集聚、旅游产业效益显著提高的目的，最终使广州成为国际化、高品位、全功能的商旅文深度融合的现代化城市。

（三）持续推进文明城市建设

改革开放40年来，广州城市建设日新月异，不仅城市规模不断扩大，人口总量快速增加，而且城市环境明显改善，文明程度不断提升。回顾广州城市发展的进程，持续推进文明城市的建设，是贯穿始终的一条红线。早在1998年，广州就提出了“一年一小变，三年一中变，2010年一大变”的城市发展战略。那一年，广州创建全国文明城市的工作也正式启动。此后，历届市委、市政府清醒地认识到：广州不仅要通过卓有成效的创建工作，普遍形成完善的公共服务、高效的行政管理、生动的民主氛围、先进的文化品质、良好的社会秩序、优美的生态环境、良好的公民素质，夺取全国文明城市这一含金量最高的“金牌”；更要通过扎扎实实的创建工作，实实在在地惠及广州人民，建设人民满意的“幸福广州”，夺取践行“以人为本、执政为民”理念的“民心金牌”。

在创建文明城市的过程中，广州坚持从改善民生、满足市民需求切入，把解决关系群众切身利益的问题作为创建工作重点，从群众关心的热点难点问题和群众反映强烈的突出问题抓起，真正把创建全国文明城市从一个抽象的概念，变成顺民意、得民心、惠民生的“幸福工程”，逐步凝练出了“为民、靠民、惠民”的创建实践。与此同时，广州不断加大“和谐广州”“平安广州”“生态广州”的建设力度，公共服务的水平和质量等诸多方面均有较大提升。特别是2010年广州借助举办亚运会的契机，扎实推进全国文明城市创建工作，使广州的城市环境面貌发生了前所未有的显著变化。当年，空气质量优良的天数达到357天，优良率97.81%，成功摘掉戴了长达10年之久的“重酸雨区”帽子；与此同时，经过广泛深入开展文明教育实践行动，市民的文明素质得到极大增强，尤其是市民对城市的认同感、归属感和自豪感显著提高，城市的国际影响力也在大幅提升。

为了获得“全国文明城市”的荣誉，广州始终坚持全民参与，充分发挥人民群众的创建主体作用。着力提高创建文明城区、文明社区、文明村镇、文明单位的水平，广泛深入开展“讲文明、树新风、促和谐”的全民行动，紧紧依靠广大市民的广泛参与和自觉行动，着力解决日常生活、社会生活和社会风气中存在的突出问题，尤其是公共场所的不文明行为。充分发挥道德模范和先进典型的示范带动作用，在全社会营造争当“爱国、守法、诚信、知礼”现代公民的浓厚氛围，使广大市民在创建实践中不断提高思想道德素质，树立广州人现代文明新形象。

2011年，广州在经过13年的漫长努力后终于摘得“全国文明城市”的桂冠。自此以后，广州又进一步将“文明广州”作为城市品牌来培育和打造。连续开展城市文明主题月、主题日活动，深入开展文明交通、文明旅游、文明餐桌、文明上网等宣传教育；同时，发动市民评选广州市十大文明风尚，至今已累计发放《市民礼仪手册》近70万册。文明城市的效应持续发酵，对于推进广州城市形象的整体提升发挥了显著的作用。

党的十八大以来，广州又锲而不舍地深入推进文明城市建设，着力弘扬主旋律、汇聚正能量、树立新风尚，为推动广州经济社会发展上水平提供坚强的思想保证、强大的精神力量和丰润的道德滋养。广泛开展中国特色社会主义和中国梦宣传教育，引导广大干部群众进一步坚定道路自信、理论自信、制度自信、文化自信，巩固团结奋斗的思想基础。着力培育和践行社会主义核心价值观，推动社会主义核心价值观进机关、进农村、进社区、进企业、进校园；大力弘扬中华民族优秀传统文化，加强青少年思想道德建设，加强社会公德、职业道德、家庭美德、个人品德建设；广泛开展法治宣传教育活动，加强政府诚信、商务诚信、社会诚信、司法公信建设；广泛深入开展群众性精神文明创建活动，深化文明社区、文明村镇、文明单位、文明家庭创建，大力发展社会志愿服务，培育社会文明风尚；广泛深入推进党风廉政建设，以优良的党风政风促社风、带民风。

自2014年底，广州开始全面推进以“干净整洁平安有序”为主题的城市环境整治及市容市貌建设，推动城市治理和城市文明建设迈上新台阶。主要从社会治安、市容市貌、市场经营秩序、交通秩序、安全隐患等方面加强治理入手，集中力量推进登峰、石井、三元里、石牌、车陂、棠下等重点地区和城乡接合部、区域接合部的综合整治，取得的成效十分明显，整体城市环境面貌不断向品质化方向提升。此外，广州还将文明城市创建与城市规划管理紧密结合起来，部署建设枢纽型网络城市，强化城市枢纽功能，完善城市网络形态，推动城市管理水平的品质化提升。2017年，广州共有市级以上文明村镇90个，文明单位924个，2户家庭获得首届全国文明家庭荣誉称号。在联合国开发计划署发布的《2016年中国城市可持续发展报告》中，广州的人类发展指数位居全国大中城市第一名。

2017年，举世瞩目的《财富》全球论坛在广州成功举行，这既是向世界展示广州城市形象的难得机遇，也是对文明广州建设的一次全面检阅。事实证明，广州圆满地完成了这项任务，国际美誉度大幅提升。同年，全球最为权威的世界城市研究机构GaWC（全球化与世界城市研究组织）发布的《2016年世界城市评级报告》显示，广州首次入围Alpha-级，成为全球49个世界一线城市之一，在中国内地仅次于北京和上海。

跻身世界一线城市行列，彰显出广州的城市实力总体提升，标志着广州在迈向全球城市的发展进程中又跨出了坚实的一步。

三、迈向新时代的文化建设与展望

党的十九大明确提出“中国特色社会主义进入新时代”，这是我国发展新的历史方位。进入新时代，既是决胜全面建成小康社会、进而全面建设社会主义现代化强国的新时代；也是坚定文化自信，推动社会主义文化繁荣兴盛的新时代。广州要积极贯彻国家的文化发展战略，以社会主义核心价值观为指引，大力推进文化体制改革，紧紧围绕建设国家文化中心城市和全球区域文化中心城市的目标，让文化建设和发展以新的姿态走向世界。

（一）新时代对文化建设的新要求

文化兴国运兴，文化强民族强。党的十九大报告提出：进入新时代，当代中国共产党人和中国人民应该而且一定能够担负起新的文化使命，在实践创造中进行文化创造，在历史进步中实现文化进步。具体就广州的文化建设而言，需要坚持以习近平新时代中国特色社会主义思想为指导，坚定“四个自信”，以前所未有的改革创新精神不断推进城市文化的大发展大繁荣，大力弘扬优秀岭南文化，提升城市文化引领功能和辐射功能，让人民群众切实感受到文化带来的力量和温暖，让文化建设再出新特色、再上新水平。

1. 加强宣传思想工作

党的十九大报告指出：“意识形态决定文化前进方向和发展道

路。”[1]进入新时代，我们党围绕新时代坚持和发展什么样的中国特色社会主义、怎样坚持和发展中国特色社会主义这一时代课题，紧密结合新的时代条件和实践要求，以全新的视野深化对共产党执政规律、社会主义建设规律、人类社会发展规律的认识，进行艰辛理论探索，取得重大理论创新成果，形成了习近平新时代中国特色社会主义思想。这一思想，是对马克思列宁主义、毛泽东思想、邓小平理论、“三个代表”重要思想、科学发展观的继承和发展，是马克思主义中国化最新成果，是党和人民实践经验和集体智慧的结晶，是中国特色社会主义理论体系的重要组成部分，是全党全国人民为实现中华民族伟大复兴而奋斗的行动指南。因此，要广泛开展对习近平新时代中国特色社会主义思想的学习宣传，切实按照学懂、弄通、做实的要求，深刻领会习近平新时代中国特色社会主义思想的精神实质和丰富内涵，在各项工作中全面准确贯彻落实。同时，要推动党的十九大精神进机关、进企业、进社区，努力用老百姓听得懂的语言宣讲党的十九大精神，传播党的声音，跟随党的步伐，取得良好的效果；要认真落实党委（党组）意识形态工作责任制，坚持以马克思主义为指导，坚持正确舆论导向，增强舆论引导能力，牢牢掌握意识形态工作的主动权和主导权；健全和完善突发重大敏感舆情应对机制，加强网上思想文化阵地建设，推动传统媒体和新兴媒体融合发展，打造有影响力的新型媒体集团，不断巩固壮大主流舆论阵地；大力繁荣发展哲学社会科学，实施社会科学理论名家培养工程，推进广州的特色新型智库建设；高度重视传播手段建设和创新，切实提高新闻舆论传播力、引导力、影响力和公信力，旗帜鲜明地反对和抵制各种错误观点。

---

①习近平：《决胜全面建成小康社会　夺取新时代中国特色社会主义伟大胜利——在中国共产党第十九次全国代表大会上的报告》，人民出版社2017年版，第41页。

2. 增强文化发展活力

进入新时代，广州要积极构建现代公共文化服务体系，高标准规划、建设一批重点文化项目，推进图书馆、美术馆、博物馆等文化设施合理布局、有序建设，以更好满足人民群众对美好生活的文化需要。截至2017年，广州图书馆的服务量已经连续4年位居全国公共图书馆之首，广州市少儿图书馆的读者接待量在全国公共少儿图书馆中也居首位。据统计，2016年广州市文化产业实现增加值1043亿元，占全市生产总值的比重达5.28%，成为广州市又一个超千亿元的重要支柱性产业。这些成绩的取得，表明广州文化建设已经具备迈向更高水平发展的坚实基础，同时也表明广州市民对迈向新时代实现自己的文化需求有了可以梦想成真的美好期待。然而，推动文化繁荣发展的关键是要切实增强文化发展活力，所以广州要坚持以人民为中心的创作导向，大力培育文艺领军人才，鼓励文艺工作者做真善美的追求者和传播者，推出更多具有中国特色、岭南风格的传世精品。积极培育文化产业新业态，促进文化与商贸、科技、金融、旅游、体育深度融合发展，建设高端文化产业集聚区，壮大骨干文化企业，繁荣文化消费市场，进一步将文化产业发展成为战略性支柱产业。

3. 提升文化影响力

党的十九大以来，广州大力传承岭南文化，延续羊城脉络，留住了“广州记忆”，增强了广州文化的影响力。但是，从新时代对广州发展的要求而言，还要进一步提升城市文化的辐射力、影响力，增强对广州文化内涵和文化品格的认同感、美誉度。因而，要进一步加强历史文化遗产、历史城区、历史文化街区等保护利用，以北京路文化核心区为重点，推进中心城区传统文化商旅的活化提升；进一步加大对“三雕一彩一绣”等非物质文化遗产的传承、保护、利用和发展，大力扶持发展粤剧粤曲、广东音乐、岭南书画等具有岭南特色的传统艺术，增强广州作为岭南文化中心地的现代影响力；进一步扩大“花城广州”“食在广州”等文化品牌的影响力，让广州成为人们向往的文化旅游目的地；进一步加大对外文化交流力度，加强城市品牌形象塑造与宣传推介，提高国际传播能力，讲好“广州故事”，传播“广州声音”。

4. 提高市民文明素质

在新时代，广州要进一步弘扬敢为人先、开放包容、务实创新的城市精神，广泛开展群众性精神文明创建活动，着力打造文明广州的文化品牌。要扎实推进社会公德、职业道德、家庭美德和个人品德建设，进一步强化市民社会责任担当，培育向上向善、诚信互助的社会风尚，营造以市民文明素质提升为重点的社会生活氛围。高度重视青少年思想道德建设，关心下一代健康成长；进一步推进书香羊城全民阅读活动等社会文化活动的广泛开展，普及科学知识，建设学习型城市；高度重视发挥乡规民约的作用，推进移风易俗，进一步推进和谐社区建设和促进乡风文明；广泛开展全民健身运动，促进群众体育和竞技体育协调发展，进一步促进市民健康素质的提升。

（二）发挥好国家文化中心功能

党的十九大对我国社会主要矛盾变化作出重要论断，提出要着力解决好发展不平衡不充分问题，更好满足人民在经济、政治、文化等方面日益增长的需要，强调“没有高度的文化自信，没有文化的繁荣兴盛，就没有中华民族伟大复兴”。这是进入新时代对文化建设提出的新要求。广州作为国家重要中心城市，要进一步满足人民日益增长的美好生活需要，就应该在文化建设上有继续走在前列的责任和担当，切实按照党和国家关于文化建设的统一部署，推动城市文化建设的新发展，努力把广州建设成为与国家重要中心城市的文化功能相匹配的文化中心。文化是城市的根和魂，有更高品质的文化才能满足人民群众对美好生活的文化需求，才能凝聚引领和推动城市向上发展的精神力量。改革开放40年来，广州经济社会发展水平不断提升，已步入世界一线城市的行列，但文化辐射力和影响力还亟待进一步提升，仍需在如何展现广州文化的独特魅力上下功夫，才能形成与广州城市水平和国内国际地位相适应的文化软实力。

目前，广州正在积极建设枢纽型网络城市，着力打造体现广州城市功能的三大枢纽：立足南沙新区、广州港，发展临港经济，建设“国际航运枢纽”；依托白云国际机场，发展临空经济，打造“国际航空枢纽”；串联广州高新区、中新知识城、广州科学城、琶洲互联网创新集聚区、国际生物岛、广州大学城、国际创新城等形成创新走廊，建设“国际科技创新枢纽”。这三大枢纽的建设，无疑都需要文化建设和发展作为基础，甚至还需要建设成为“国际文化枢纽”作为支撑。而在粤港澳大湾区建设中，新一轮要素分配正在启动，广州将扮演集聚和分配高端要素的枢纽城市的角色。在文化建设方面，广州基于文化的深厚底蕴和经济的巨大潜能，将为这一新兴超级湾区的融合提供源源不断的动力。相对世界著名的纽约湾区、东京湾区、旧金山湾区而言，粤港澳大湾区内的文化多元、社会构成比较复杂，既有岭南文化特色的广府文化、客家文化和潮汕文化，也有明清时期特别是近现代以来在中外交流互动中逐渐形成的港澳文化和现代都市文化，更有新旧移民构成的文化多元的城市社会和风土味浓郁的乡村社会。异彩纷呈的文化和新旧移民的社会，既是粤港澳大湾区建设的资源优势，也是大湾区内互联互通、深度融合的关键所在。凭借国家战略的东风，乘广州迅猛发展之势，广州的文化建设和发展也迎来了充满机遇、大有可为的黄金时期。

为积极建设国家重要的文化中心，提升广州的城市文化品质，广州已逐步形成新时代推动文化建设和发展的八大战略：一要传承历史，实施岭南优秀传统文化发展工程；二要彰显特色，塑造具有岭南特色的国际大都市形象；三要传承发展粤语，以本土化助推国际化；四要智慧升级，提升文博类公共文化设施使用效益；五要面向世界，高标准建设现代公共文化服务体系；六要文化与科技深度融合，构建具有国际影响力的文化传播体系；七要创新合作机制，促进全球城市文化交流；八要发展文化旅游，建设世界旅游文化名城。

经过多年的努力打造，广州的文化会展业取得了长足的发展，已经形成一系列文化会展品牌。主要包括：中国（广州）国际演艺交易会、广州艺术节（戏剧节）、羊城国际粤剧节、中国国际漫画节、中国（广州）国际纪录片节、中国国际儿童电影节、广州大学生电影节、中国音乐金钟奖及广州国际艺术博览会等9项国际性、全国性的大型文化活动平台。这些会展活动都在各自的行业具有较大的影响力，并且实现了较大的产业交易和合作。据统计，上述会展活动成效逐年提升，在交易、协议合作等成交额方面不断增加。通过整合举办广州文交会，2017年的直接成交额合计约20亿元，加上协议成交和合作项目超过100亿元。

展望未来，广州将全面推进文化与金融、文化与科技、文化与旅游的深度融合，实现文化创新发展能力的大幅提升。广州有条件在原创动漫、数字游戏、数字新媒体等文化领域关键技术研究取得新突破。要通过增强文化企业创新力、竞争力，进一步扩大广州文化产业规模，形成以市场为主导的文化产业与科技创新融合发展的良好态势。到2020年，要形成若干具有中国风格和广州特色的文化创意和设计服务流派，全市文化创意和设计服务与相关产业全方位、深层次、宽领域的融合发展格局基本建立，让广州作为“文化创意之都”的地位和功能进一步增强，影响力也将进一步扩大。到那时，广州的文化及相关产业增加值预计可以超过1700亿元，其中文化创意和设计服务增加值要力争超过500亿元，占文化产业增加值的比重约30%，广州作为国家重要中心城市的作用将更加凸显。

（三）以新的文化姿态融入世界

文化“走出去”是我国经过40年改革开放之后，积极应对全球化这一历史潮流的战略选择，是当前我国关于推进文化大发展大繁荣最突出的主题之一。党的十八大以来，随着中国国家实力和国际影响力持续增强、文化传播理念进一步创新，中国文化“走出去”的步伐迈得更加稳健。在2014年10月召开的文艺工作座谈会上，习近平总书记提出期望：“文艺工作者要讲好中国故事、传播好中国声音、阐发中国精神、展现中国风貌，让外国民众通过欣赏中国作家艺术家的作品来深化对中国的认识、增进对中国的了解。要向世界宣传推介我国优秀文化艺术，让国外民众在审美过程中感受魅力，加深对中华文化的认识和理解。”

广州作为拥有深厚底蕴的历史文化名城，文化资源十分丰富。近年来，广州在积极探索文化“走出去”的发展路径，取得了十分显著的效果。经过十多年坚持不懈的耕耘，广州的对外文化交流项目除了传统的演艺和展览外，呈多样化的发展态势。传统民间艺术，在国家、省市获奖的精品文化艺术，在海内外有影响力和在文化产业形成规模的文化产品纷纷走出国门、走向全球，将广州异彩纷呈的文化形象展现在世人面前。而随着文化日益成为中外沟通的重要途径和桥梁，社会、民间和个人参与中外文化交流和传播的愿望和意识也不断增强，广州的对外文化交流逐步从政府层面扩展到民间。如番禺沙坑醒狮作为南狮的代表，组织本地文化精品参与国际性文化节活动，提高了国际知名度。番禺民间艺术队伍还参加法国巴黎国际龙狮争霸赛、法国尼斯狂欢节等活动，积极推动了民间文化的交流。

随着中国对外开放步伐的不断加大，中外文化也越来越需要彼此了解，互相借鉴。2013年9月，习近平总书记提出“一带一路”的合作倡议，旨在借用古代丝绸之路的历史符号，高举和平发展的旗帜，积极发展与沿线国家的经济合作伙伴关系，共同打造政治互信、经济融合、文化包容的利益共同体、命运共同体和责任共同体。广州作为海上丝绸之路的起点，史迹极多，它们是广州重要的历史文化遗产，也是全世界海上丝绸之路文化遗产的重要组成部分。在南越国宫署遗址，多个历史时期具有海外文化因素的遗物，是海上交通贸易的直接物证；在南越王墓，波斯银盒、原支非洲象牙、红海乳香等舶来品，印证了广州与海外诸国的交流；在南海神庙及码头遗址，古代海上丝绸之路的历史依稀可见；“岭南佛教丛林之冠”光孝寺，是佛教文化通过海路在广州登陆并传播的见证；怀圣寺光塔和清真先贤古墓，显示出广州是伊斯兰教通过海路传播到中国的第一站。广州海上丝绸之路遗存中保存至今的海港航运体系遗存包含了海湾、码头、航标建筑、造船场、祭祀建筑等遗存要素，真实反映了中国古代的海港设施以及繁荣的海上交通、贸易及文化交流；保存至今的宗教建筑及遗存，外国人聚居区及墓葬区以及出土的舶来品等交流产物，真实反映了东西方经海上丝绸之路进行的宗教、技术、物产等文明与文化的多方面交流。

近年来，广州积极参与国家的“一带一路”建设，大力促进文化交流、文明互鉴，加强与亚欧等沿线国家的文化交流，以海上丝绸之路起点的文化形象，将丝路风韵带向远方。2015年，广州杂技艺术剧院参与斐济、萨摩亚、新西兰文化交流活动；广州图书馆已与英国伯明翰图书馆、法国里昂图书馆等7个广州国际友好城市图书馆签订合作备忘录，开展交流合作；广东革命历史博物馆与越南胡志明博物馆签订了协议书，进行全面合作；广州粤剧院多次赴新加坡、美国等国家演出；广州话剧艺术中心携《复活》《谎言背后》两部戏参加“第25届波罗的海之家国际戏剧节”，成功获得俄罗斯观众的认可。在全新国家战略的助推之下，广州的文化正以无可比拟的魅力走向世界，走进各国民众的心中，收获来自全世界的赞誉。

值得指出的是，广州除了借力国家平台，实现文化“走出去”的战略，还大力开拓国际化的视野，积极筹办各种国际性的节展活动，扩大国际知名度与美誉度。通过举办各类大型国际性文化会展，把广州文化品牌推向全国，走向世界；在动漫、纪录片等领域积极抢占制高点，争取话语权，打造“动漫之城”“纪录片之城”。其中，中国（广州）国际纪录片节的核心项目——“金红棉”评优单元已成为我国纪录片的“金字招牌”，得到国际纪录片业界的广泛认同和参与。《第三极》《造云的山》等一批获奖优秀国产纪录片实现“借船出海”，在艾美奖、美国国家评论协会奖、奥斯卡最佳纪录片奖等国际知名节展上获奖和提名，成功把中国故事、中国声音、中国导演带入国际主流舞台，为中国故事赢得掌声，为中国声音赢得认同，为中国形象赢得喝彩。

面向未来，广州要进一步利用好“广州文化周”“丝路花语”“我们·广州”等城市文化推介品牌，大力实施文化“走出去”战略。其中“广州文化周”已成为广州对外展示推介城市形象的品牌活动，自2016年底创立迄今，已十数次走出国门以文会友，数十次上演“广州时刻”，吸引了十几个国家几十座城市上百万人次的海外观众共赏广州艺术、共享广府文化，获赞无数。无论是开展粤剧、广东音乐曲艺、广东木偶、岭南杂技、现代歌舞等岭南文化精品剧目的巡演，还是组织“许鸿飞雕塑世界巡展”赴意大利、德国、哥伦比亚等国家开展系列雕塑展，或是组织广州博物馆等赴海上丝绸之路沿线国家举办文物展览等，都足以体现“广州文化周”一直坚持的“不忘本来、吸收外来、面向未来”的宗旨。这个平台把传统元素与时尚元素、广府特色与世界潮流结合起来，聚焦世界目光，展现广州2200多年建城史的历史文化积淀，展现广州务实包容、敢为天下先的城市特质、文化品位和生活品质。

面向未来，2018年8月15日召开的中国共产党广州市第十一届委员会第五次全体会议提出“打造全球区域文化中心城市”的战略决策。这是对广州文化建设提出的新目标和新要求。这一目标定位契合了改革开放以来广州文化建设从健全要素、补齐短板到系统布局、功能提升的历史性巨变，是对“建设文化强市、培育世界文化名城”发展取向的进一步具体化，体现出广州推动中华文化走向世界应当具有的责任与担当。“打造全球区域文化中心城市”是一项重要的系统工程，需要在加强文化遗产保护、公共文化服务体系健全和完善、知识产权保护、文化创意产业发展、文化产权交易平台建设、文化市场培育、文化科技创新、文化人才培养、文化资源利用、文化产品开发、文化研究和学术交流等方面，依托粤港澳大湾区建设和“一带一路”建设，广泛开展国际交流合作，以扩大广州的文化影响力和文化认同度。同时，还要通过更加灵活的体制机制创新，推动广州地区的文化院团、文化企业和文化人才积极参与全球文化交流，在全球性的文化竞争中充分彰显广州的文化特色、文化实力和文化风采。总之，我们有理由相信未来的广州将成为一个具有重要国际影响力的“文化之都”。

后　记

本书是中共广州市委宣传部和广州市社科联委托研究的项目“改革开放40年广州文化建设研究”的最终成果。这一委托研究项目是纪念改革开放40周年系列理论研究的课题之一。中共广州市委党校办公室接到正式委托通知之后，校委研究由哲学与文化教研部具体负责项目落实。哲学与文化教研部高度重视该项目研究工作，及时召开部门会议组建项目研究团队，组织开展了具体研究工作。

研究团队由哲学与文化教研部的教研人员构成，教研部主任李仁武负责项目研究的总策划，其中包括制订研究计划、拟定研究提纲、分配研究任务、落实研究进度、对研究成果进行最后统稿定稿等。研究团队分工合作、集体研究、共同攻关，在深入调研的基础上经过集思广益、相互切磋、反复修改，按进度顺利完成项目研究任务，最后形成了本书稿。项目研究的具体分工是李仁武教授负责撰写前言、第一章、第二章、后记以及全书的统稿和最后修改定稿，段秀芳副教授负责撰写第三章，闻瑞东副教授负责撰写第四章，霍秀媚教授负责撰写第五章，赵宏宇副教授负责撰写第六章。在组织项目研究过程中，霍秀媚教授和赵宏宇副教授协助项目负责人做了大量辅助工作，有效保证了项目研究的顺利进行。

该项目研究的完成，首先要感谢中共广州市委宣传部和社科规划办对我们的信任，市委宣传部副部长兼市社科联主席曾伟玉同志、市委宣传部副巡视员贺忠同志非常关心该项目研究并对研究成果的修改提出了宝贵的指导意见。其次要感谢中共广州市委党校原常务副校长杨清蒲同志、现任中共广州市委党校常务副校长孟源北研究员和巡视员陈治桃副教授对该项目研究的关心和支持，他们在研究团队的组建、研究方案的制订、研究任务的落实等方面都给予了具体的指导和帮助，让项目研究的顺利进行有了坚实的组织保证。再次要衷心感谢广东省政协原常委田丰研究员、中共广州市委宣传部原副部长李哲夫同志、广州市社科联原主席李明华教授、广州市文广新局副巡视员温朝辉同志、广州市社科院柳立子副研究员等专家学者，他们在百忙中认真审阅本书稿，提出许多宝贵的修改意见，让我们能够交出更有质量的研究成果。最后要感谢广州出版社的编辑杨珊珊、董平、蚁燕娟、叶桂莲等同志为本书的出版所付出的辛劳，从最后定稿到编辑出版，时间已经非常紧迫，是你们的加班加点才让书稿付梓，与读者见面。

在该项目的研究过程中，我们学习并参考了许多国内外学者的研究成果，直接引用的文献已经在书中标明了出处，有的文献虽然没有直接引用但给了我们重要的参照和启示，在此我们向学界同仁们表示衷心感谢。因为有你们的研究成果为我们打开学术视野，提供研究基础，我们才有信心完成这一项目的研究。尽管我们的研究成果还很不成熟，疏漏更是难免，但作为与各位同仁进行学术交流的一份材料，我们愿意虚心接受大家的学术批评。借该书的出版，望各位学界同仁和广大读者不吝赐教！